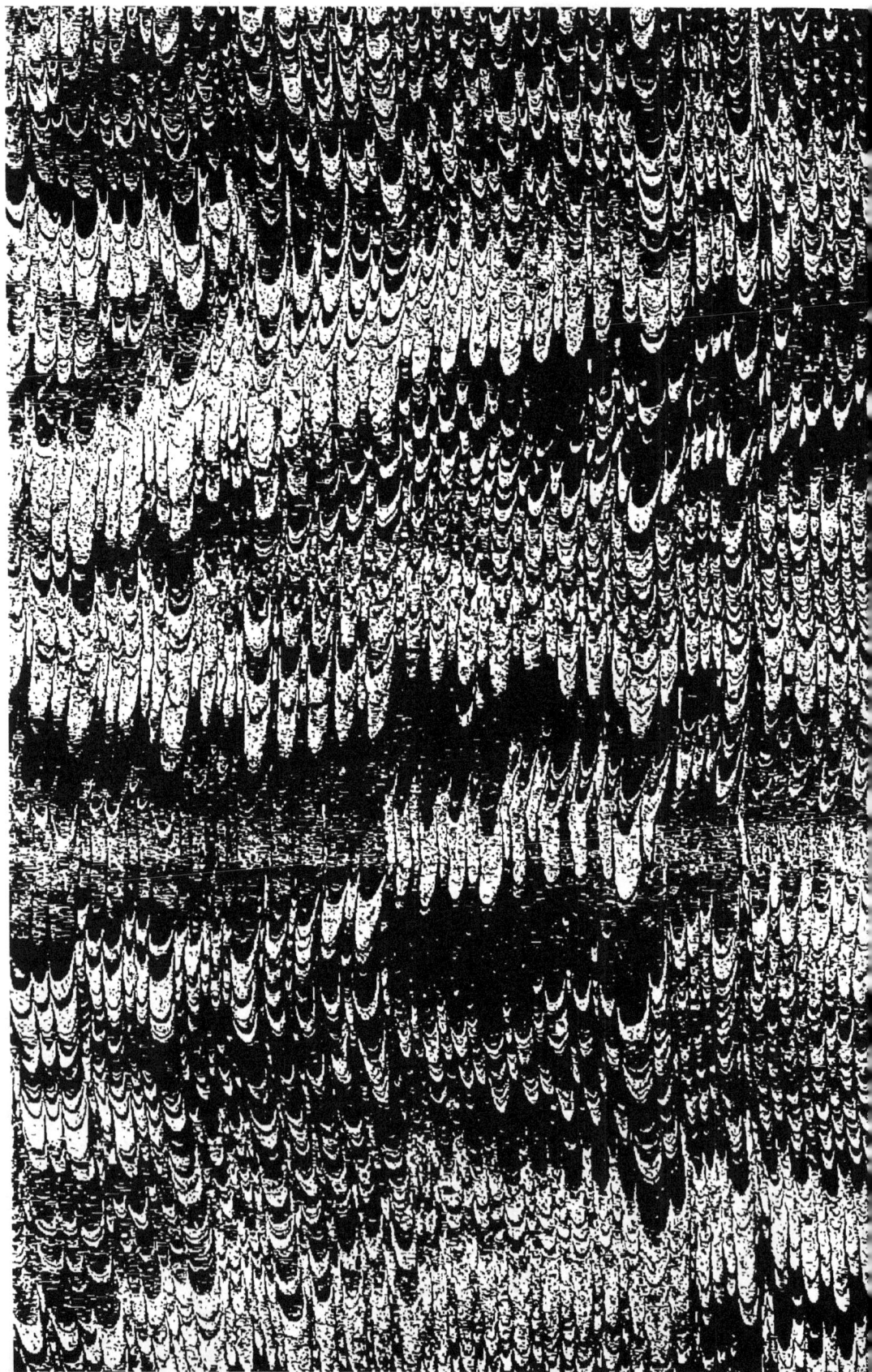

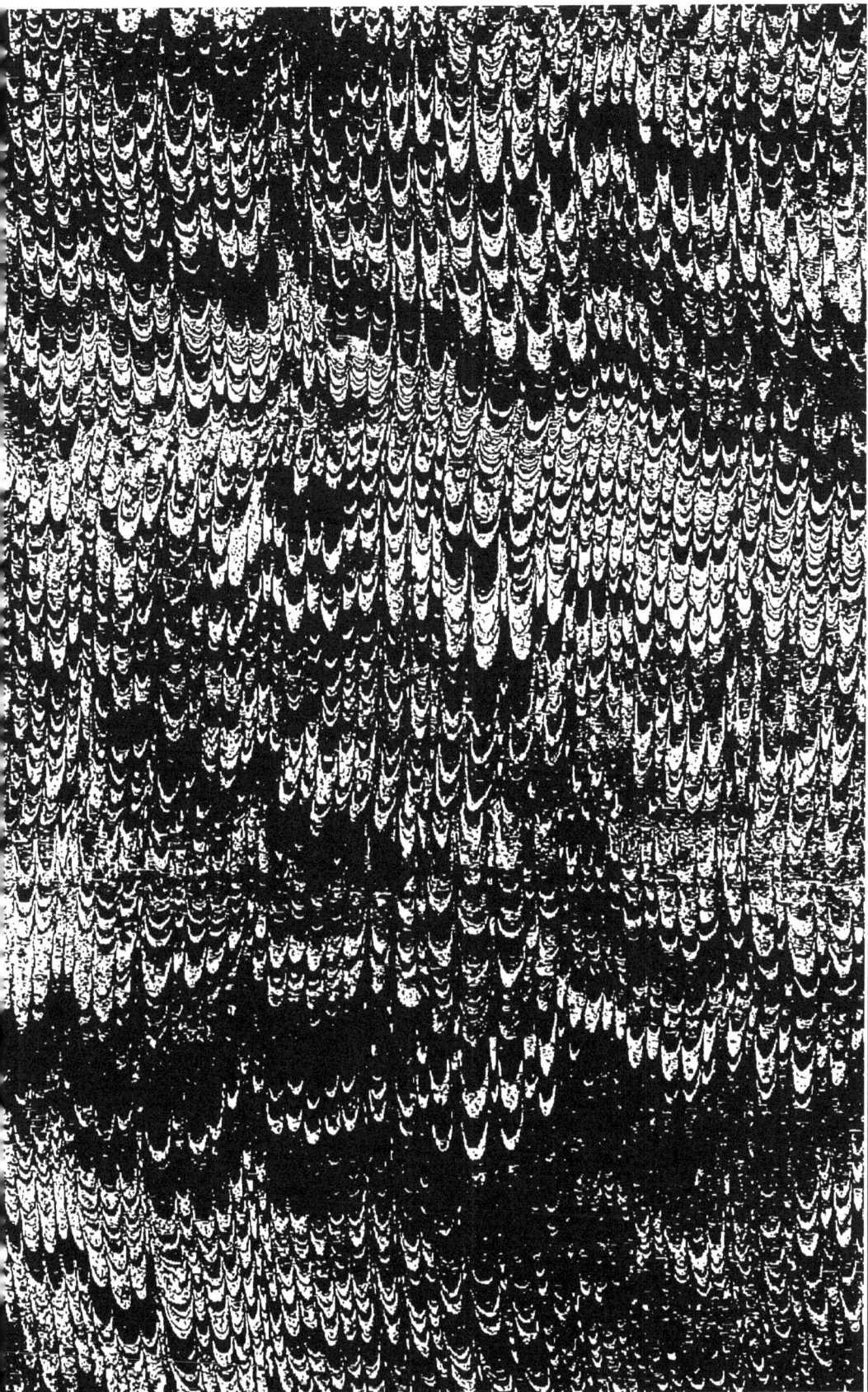

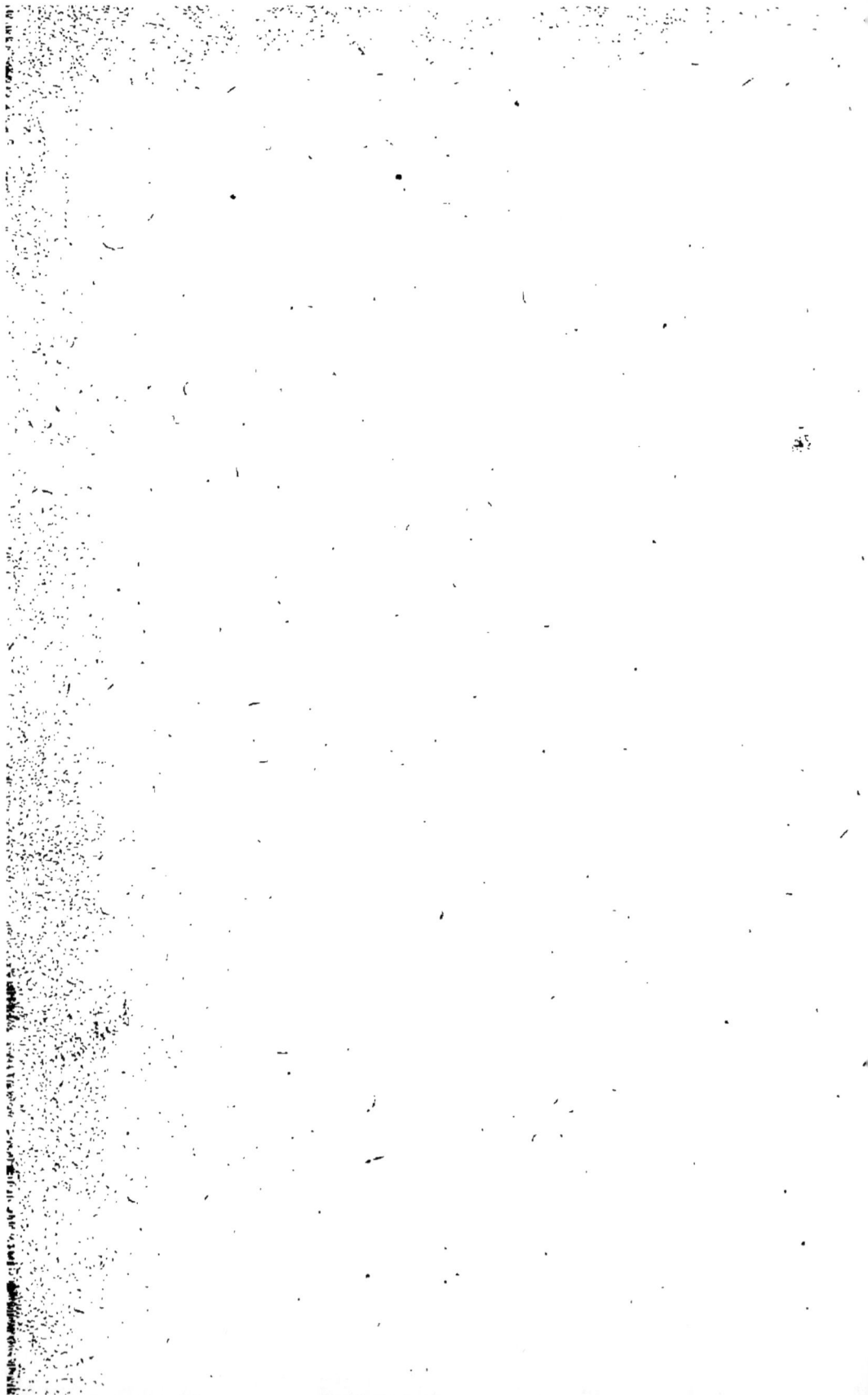

LES AVANTAGES

QVE LES FEMMES PEVVENT RECEVOIR

DE LA

PHILOSOPHIE,

ET PRINCIPALEMENT

DE LA

MORALE.

OV

L'AB'REGE'

DE CETTE SCIENCE.

Par LOÜIS DE LESCLACHE.

✠

A PARIS,

Chez
{
L'Autheur, proche le Pont-neuf, en la ruë neuve de Guenegaud.
ET
LAVRENT RONDET, ruë S. Iaques à la longue Allée, vis-à-vis la ruë de la Parcheminerie.

M. DC. LXVII.

~~~ ~~~~~~~~ ~~ ~~~

LES AVANTAGES

QVE LES FEMMES

PEVVENT RECEVOIR

DE LA

PHILOSOPHIE,

ET PRINCIPALEMENT
DE LA MORALE.

De quelle maniere il faut convaincre ceus qui soûtienent que les femmes ne doivent point s'apliquer à l'étude de la Philosophie.

CHAPITRE I.

LE moien que je mis en vsage il y a quelques années pour guerir l'esprit d'vn homme qui soûtenoit que la Philosophie étoit nuisible à celui des femmes, pourra servir aux autres pour combatre

l'erreur de ceus qui tiènent le méme parti ; C'étoit vn homme de qualité, de bon
fens, qui auoit de la vertu & qui n'ayant
pas beaucoup d'étude donnoit à toutes
fortes de connoiffances le nom de Philofophie. L'averfion qu'il avoit pour elle
venoit du mauvais vfage que faifoit fa
femme de quelques connoiffances cu-
rieufes ; mais qui étoient, ou inutiles,
ou tres-dangereufes. Comme le déréglement de fa vie répondoit à celui de
fon efprit, fon mari prenoit vn grand
foin de s'informer des vifites qu'elle faifoit.

On lui difoit quelquefois qu'elle avoit
été chés un Philofophe, où elle avoit
pouffé deus boules d'yvoire l'vne contre
l'autre fur vne table, pour fçavoir, di-
foit-elle de combien de degrés la plus
groffe feroit reculer la plus petite, étant
perfuadée que cette recherche & plufieurs autres de méme nature devoient
étre les profondes méditations d'vn
grand Philofophe.

Vne autrefois on lui difoit qu'elle avoit
demeuré long temps dans vne grande
fale avec plufieurs perfonnes, où elle

avoit rempli d'argent vif quelques
tuiaus de verre. C'est qu'elle presidoit
d'ordinaire dans les assemblées où l'on
faisoit quelque experience pour chercher du vuide dans la Nature.

Vne autrefois on lui faisoit connoître
qu'elle avoit rendu visite à des hommes
qui étoient logés dans les greniers des
maisons les plus exaucées du Faux-bourg
de Saint Iaques, & qui au raport de ses
gens étoient diferans des autres par leur
habit, par leur barbe & par leur visage.
C'étoient sans doute des Astrologues,
qui pour tirer adroitement leur subsi-
stance des biens qu'elle possedoit lui fai-
soient esperer que la conjonction favo-
rable des Astres qui avoient presidé à sa
naissance lui promettoit vne grande fortune.

Vn petit laquais dit vn jour à son mari qu'elle avoit passé plus de la moitié de
la nuit dans le grenier à regarder la Lune
avec de grandes lunetes. Son extrava-
gance estoit si grande qu'elle s'imaginoit
que la Lune étoit habitée, car elle avoit
dit dans une assemblée de curieus qu'elle
donneroit deus mile écus à celui qui

pourroit inventer de grandes lunetes pour découvrir de quelle façon les peuples de la Lune étoient vétus.

Le méme laquais ne pouvoit se lasser de rire, lors qu'elle avoit été chés quelques Chimistes. Nous venons, disoit-il aus autres serviteurs qu'il rencontroit dans la cuisine, de voir des hommes plus noirs que le charbon, plus noirs que des demons, ils n'ont point de coler, leur bonnet sans coife est aussi noir que leur visage, & je pense qu'ils sont fais pour faire rire les autres. Ces hommes pourtant si ridicules auoient trouvé l'art de vuider la bourse de la femme dont nous faisons ici le portrait, pour entretenir le feu dans leurs fourneaus, & de lui faire vendre toutes ses pierreries, pour l'engager à la recherche de la pierre philosophale.

Lors qu'elle entendoit parler de quelqu'vn avec aprobation, elle demandoit s'il étoit grand Philosophe; mais il falloit étre Philosophe à sa mode pour lui plaire.

Si quelqu'vn lui rendoit visite, elle en vouloit considerer la main, pour lui découvrir par les lignes qu'elle y pourroit remarquer les avantages qu'il devoit esperer & les fâcheus accidans dont il étoit menacé. Elle lui demandoit en suite si quelque sçavant Astrologue avoit fait son horoscope. S'il lui répondoit qu'il n'avoit point û la pensée d'y faire travailler, la froideur qui paressoit sur son visage lui faisoit connoître qu'elle le jugeoit indigne de sa conversation. Mais s'il prenoit la liberté de lui dire qu'il n'étoit pas en disposition de se laisser tromper par les artifices de ces charlatans, qui profitent de la foiblesse de ceus qui desirent avec ardeur de sçavoir les choses futures, elle se metoit en colere contre lui, puis qu'il se servoit de termes injurieux pour blâmer des hommes qui passoient dans son esprit pour des heros, & pour combatre l'Astrologie judiciaire, qu'elle métoit du nombre des sciences les plus certaines.

Elle passoit facilement dans les conversations des railleries à la médisance, & de la médisance à l'impieté. Elle ne pouvoit souffrir les discours de morale que l'on y vouloit faire, disant que les

sermons n'étoient bons qu'à l'Eglise, où
elle n'assistoit que rarement , & si l'Elo-
quence de quelque grand Predicateur y
pouvoit atirer sa curiosité , elle ne man-
quoit pas d'en condamner les plus fortes
pensées aussi bien que les plus belles ex-
pressions.

Enfin elle prenoit un grand plaisir dans
la conversation de ceus qui se trouvent
souvent dans les Eglises, mais sans y prier
Dieu , & pour y faire cent actions in-
decentes , qui ne paressent dans les compagnies que pour se railler de leur prochain & de la Religion , qui veulent s'y
faire admirer par quelques mos extraordinaires , mais qui ont vogue dans leur
cabale qu'ils repetent éternelement , &
le plus souvent hors de propos & qui
avec neuf ou dix passage de Charon &
de Montagne pretendent renverser toute la Theologie.

Son mari , qui connoissoit avec douleur que sa conduite la faisoit méprifer
de ceus qui étoient raisonnables & qui
atribuoit tous ses defaus à la Philosophie , condamnoit d'aveuglement ceux
qui tâchoient de lui persuader qu'elle

étoit tres-vtile aus femmes. Vn de ses
freres, à qui les Medecins avoient or-
donné de prendre quelque agreable di-
vertissement, pour se garantir des maus
qui pouvoient étre des effés de sa mé-
lancholie, ne trouvoit point de meilleur
remede que de se metre en état de lui
prouver que les femmes pouvoient s'a-
pliquer vtilement à l'étude de la Philosophie, car il lui entendoit dire mile
choses agreables contre la Philosophie
& contre les Philosophes.

Il lui soûtenoit fortement que la Philosophie atachoit les femmes à des choses inutiles, qu'elle metoit plusieurs
chymeres dans leur esprit touchant les
choses futures, qu'elle les portoit à faire des depenses qui pouvoient rüiner
leur maison, qu'elle faisoit naître la
vanité dans leur cœur, qu'elle les incitoit à contredire toutes choses, qu'elle
étoit la source du mépris qu'elles fai-
soient de leurs maris, qu'elle les con-
duisoit à la folie. Il lui disoit enfin en
colere, que s'il étoit le Maître des Lois
on ne parleroit plus des Philosophes
que pour se réjoüir de leur mort.

Son frere, qui étoit de mes amis, m'ayant dit toutes les particularités dont je viens de faire le recit, je le priai de me conduire chés lui, pour lui faire avoüer que le bon-heur des femmes, le repos de leurs maris & le bien de l'état demandoient que les femmes s'apli-quassent à l'étude de la Philosophie.

Vous voulés, me dit-il en riant, en-treprendre des choses impossibles. Je sçai, continua-t'il, que mon frere est homme de bien; mais je pense qu'il se-roit plus facile de l'obliger à changer de religion que de lui persuader que la Phi-losophie est vtile aus femmes.

Aprés plusieurs contestations sur ce sujet nous resolumes de lui rendre visi-te. Quelques jours aprés nous fumes chés lui, & nous le trouvames heureu-sement qui se promenoit seul dans son jardin. Comme son frere ne le voyoit jamais sans le metre sur le chapitre de la Philosophie, pour se divertir agreable-ment, il crût que je l'avois acompagné pour fortifier son parti, il nous en de-clara sa pensée & il nous reçût assés froi-dement. Mais il changea de visage

quand je lui fis connoître que je soûte-
tenois que la Philosophie étoit tres-nui-
sible à l'esprit des femmes, qu'elle faisoit naître la vanité dans leur cœur,
qu'elle les incitoit à contredire toutes
chofes, qu'elle les rendoit insuportables dans les compagnies, & que ceus
qui entreprenoient de leur enseigner cette science là, qui pouvoit les conduire
à la folie, étoient tres-coupables. Il
m'embraffa alors fort étroitement, il me
fit mille careffes & il me conjura de lui
dire qu'elles chofes étoient neceffaires
aus femmes pour la conduite de leur vie.

Aprés plufieurs civilités de part &
d'autre, ie lui parlai de la forte.

Comme l'oifiveté est la source de plufieurs crimes, les femmes devroient s'o-
cuper à la lecture de quelques bons li-
vres, qui leur donnaffent la connoiffance des vertus qu'elles doivent pratiquer & celle desvices qu'elles doivent
combatre. Cette lecture, me répondit-
il, leur feroit auffi vtile que la Philofophie leur est nuifible.

Ie ne voudrois pas, continuai-je,
qu'elles s'apliquaffent à la lecture des

Romans. Il en demeura facilement d'a-
cord, car sa fille aynée, voulant faire
la principale partie d'une avanture semblable à celles qui l'avoient charmée
dans la lecture des Romans, s'étoit dé-
guisée pour aller chercher son amant en
Angleterre.

Mais je voudrois, poursuivis-je, que les
femmes ûssent vne claire connoissance
des vices que nous apelons Capitaus,
pour s'oposer à leur naissance, & pour
éviter tous les déreglemens qu'ils peuvent exciter dans leur ame. Il leur seroit sans doute tres-avantageus d'avoir
une parfaite connoissance de la Prudence, de la Force, de la Temperance, de
la Iustice & de toutes les qualités qui
dépendent de ces quatre principales
Vertus, qui leur font necessaires, pour
les éclairer dans la conduite de leur vie,
pour leur donner le moïen de s'oposer à
la crainte & au plaisir qui peuvent faire
la guerre à leur raison, & pour les inciter à rendre aus autres ce qui leur apartient; Elles devroient chercher la connoissance des choses qui leur font vtiles
pour établir l'ordre dans leurs maisons,

& pour entretenir leurs enfans & leurs
serviteurs dans l'amour & dans la crainte de Dieu. Elles devroient connoître
les merveilles qui se rencontrent dans la
priere que IESVS-CHRIST nous prefcrit de lui faire, pour sçavoir ce qu'elles
doivent desirer, pour découvrir l'ordre
qu'elles doivent garder dans les prieres
qu'elles doivent faire à Dieu & pour
imprimer ces lumieres dans l'esprit de
leurs enfans. Elles devroient souvent
faire reflexion sur les dix Commandemens de Dieu, pour admirer sa sagesse
& sa bonté dans leur nombre, dans leur
ordre, dans les choses qu'ils nous pref-
crivent & dans toutes les paroles dont
Dieu s'est servi pour les exprimer. Elles
devroient examiner avec soin les beatitudes, c'est à dire, les actions qu'elles doivent pratiquer pour meriter la
vie éternele. Enfin elles devroient sçavoir en combien de façons elles peuvent
tomber dans la médisance, & quels sont
les autres vices qu'elles doivent éviter
dans les conversations.

À peine ûs-je fini ce discours, que ce-
ui que je voulois guerir prenant la pa-

role me fit connoître que je pourrois facilement arriver à la fin que je m'étois proposée, car il m'assûra avec plaisir que si les femmes étoient instruites de cette maniere là elles pourroient être tres-heureuses, qu'elles donnneroient beaucoup de satisfaction à leurs maris par l'ordre qu'elles établiroient dans leurs maisons, & que le public pourroit tirer de grans avantages de leur conduite & de la parfaite éducation de leurs enfans.

Ie lui fis remarquer par l'étonnement qui paroissoit sur le visage de son frere qu'il n'étoit pas entierement satisfait. Il pensoit sans doute, me dit-il en riant, que vous apuyeriés son parti. Ce n'est pas en cela, lui repliquai-je, qu'il a été trompé, car je demeure d'accord, Monsieur, que j'étois venu ici pour vous faire avoüer que le bon-heur des femmes, le repos de leurs maris & le bien de l'état demandent que les femmes s'apliquent à l'étude de la Philosophie. Monsieur vôtre frere m'avoit soûtenu que je voulois entreprendre des choses impossibles, & il void à present que vous avés tiré les trois conséquences que je

voulois vous prouver, aprés avoir estimé les choses qui doivent être examinées dans la veritable Philosophie

Il fut grandement surpris ; mais sans
être entierement vaincu, car si la Philosophie, me dit-il, enseigne les bonnes
choses que je viens d'aprouver, elle trai-
te de plusieurs autres choses qui peuvent être cause du déreglement des femmes. On donne souvent, lui répodis-je,
le nom de Philosophie à quelques connoissances curieuses, qui sont ou inutiles, ou tres-dangereuses ; mais la veritable Philosophie les combat, comme
elle ne peut souffrir que l'on donne le
nom de Philosophie à celui qui voudroit
pousser deus boules d'yvoire l'une contre l'autre sur une table, pour sçavoir
de combien de degrés la plus grosse feroit reculer la plus petite, elle enseigne
que ceus qui font plusieurs experiences
pour chercher du vuide dans la nature
devroient remplir leur esprit d'une matiere plus solide, & qu'ils rendront com-
te du tems qu'ils ont si mal employé.
Elle détruit par de fortes raisons l'ignorance & les artifices de quelques char-

latans qui metent plufieurs chymeres
dans l'efprit des femmes touchant les
chofes futures, comme lors qu'ils entreprenent de leur découvrir par les lignes qu'ils remarquent dans leurs mains
les chofes qui leur doivent arriver, ou
qu'ils leur font efperer que la conjonction des Aftres qui ont prefidé à leur
naiffance leur promet de grans avantages, car les chofes futures peuvent étre
connuës, ou dans leurs caufes, ou en
elles mémes, entant qu'elles font en
acte & determinées à vne chofe. Celles
qui font contingentes ne peuvent étre
connuës affurément dans leurs caufes,
parce qu'elles n'ont point de liaifon
néceffaire avec elles, & celui-là feulement à qui l'avenir eft prefent les connoît comme elles font en elles mémes,
c'eft pourquoi ceus qui penfent qu'ils
peuvent connoître avec certitude par
la conjonction des Aftres les chofes futures qui font contingentes s'atribuent
vn avantage qui n'apartient qu'à Dieu,
font coupables de blafphême & nous
donnent des preuves tres-évidentes de
leur aveuglement. Enfin la Philofophie
prouve

prouve que ceus qui cherchent la pierre philosophale travaillent inutilement.

Comme celui que je voulois guerir
connût que la Philosophie s'oposoit à
tous les déréglemens de sa femme, il
commença de changer de sentiment. Il
me reste, me dit-il, à vous demander
pourquoi vous m'avés assûré que la
Philosophie étoit nuisible à l'esprit des
femmes, qu'elle faisoit naître la vanité
dans leur cœur, qu'elle les incitoit à
contredire toutes choses ; qu'elle les
rendoit insuportables dans les compagnies & que ceus qui entreprenoient
de leur enseigner cette Science-là, qui
pouvoit les conduire à la folie, étoient
tres-coupables.

Il est vrai, lui repliquai-je, que j'ai
atribué tous ces defaus à la Philosophie ;
mais je voulois parler de celle que les
Philosophes enseignent ordinairement
dans leur Ecole. Si nous considerons les
choses qui sont l'objet de leurs médi-
ditations, nous trouverons que la plûpart sont, ou inutiles, ou chimeriques,
& si nous faisons reflexion sur leur methode, nous jugerons qu'elle peut nuire

B

à l'esprit, car elle difpose ceus qui la
fuivent à combatre toutes fortes de verités, fans vouloir écouter ceus qui les
defendent, & à douter des chofes plûtôt qu'à les connoître.

Ceus qui acoûtument leurs auditeurs
à difcourir problematiquement de plufieurs chofes, penfent qu'ils ont trouvé lart de bien exercer leur efprit; mais
ils ont trouvé celui de leur faire méprifer les fciences, car celui qui a contracté
vne habitude de douter, croit qu'il n'y
a rien de certain dans les Sciences, d'où
vient qu'il les méprife & qu'il ne s'y
atache pas.

Cette methode eft tres-pernicieufe,
car elle met en peril ceus qui la fuivent
de combatre les verités les plus impor-
tantes de la Religion & de tomber dans
l'impieté.

Il eft vrai qu'ils ne fe fervent au commencement de cette methode qu'à l'é-
gard des chofes indiferantes ; mais ils
la pratiquent en fuite à l'égard de celles qui apartienent à la Religion, comme lors qu'ils entreprenent de prouver
que l'ame raifonnable eft, ou mortele,
ou immortele.

Ils s'acoûtument par ce moïen à douter de la verité dont la connoissance leur est tres-vtile, & quand ils n'en doutent plus, ils prenent ordinairement le mauvais parti, à cause de la violence de leurs passions, car plusieurs choses peuvent les obliger à soûtenir la proposition qui est fausse, comme que l'ame raisonnable est mortele.

Le desir de vaincre les engage dans cette erreur.

Les raisons qui établissent la verité qu'ils doivent connoître vienent des autres, & ils ont inventé celles qui l'ataquent, c'est pourquoi ils s'y atachent fortement, à cause qu'ils ayment leurs sentimens.

Puis que les raisons qu'ils ont inventées pour ataquer la verité sont fausses, elles font une grande impression dans leur esprit. Car comme ils ayment les choses qui vienent d'eus, ils soûtienent avec beaucoup d'opiniâtreté celles qui sont fausses.

Enfin les verités de la Religion Chrétiene les obligent à faire plusieurs choses qui s'oposent à leurs inclinations

comme l'immortalité de l'ame raifonnable leur aprend que les actions du
corps doivent être affujeties à l'empire
de l'ame ; mais l'opinion qui détruit
l'immortalité de l'ame raifonnable leur
donne la liberté de fuivre leurs paffions.

Ces raifons, qui font tirées des inclinations des hommes, prouvent clairement que la methode de foûtenir problematiquement plufieurs chofes eft
tres-pernicieufe, puis qu'elle conduit à
l'impieté ceus qui la pratiquent.

La veritable Philofophie condamne
cette methode auffi bien que la plûpart
des chofes que les Philofophes exami-
nent ordinairement avec beaucoup de
foin dans leur Ecole ; car elles ne peuvent rien contribuer, ni à la perfection
de la raifon, ni à la conduite de la vie
humaine.

On ne doit enfeigner dans la Philofophie que les chofes qui peuvent fervir pour arriver à la fin qu'elle fe propofe, c'eft pourquoi on y doit principalement établir les preceptes qu'il faut
pratiquer pour s'opofer à la naiffance
de l'erreur qui acompagne ordinaire-

ment les actions de la raison. On y doit
disposer par ordre les principes généraus qui sont les fondemens de toutes
les sciences. Elle doit nous faire connoître ce que nous sommes & ce que nous
devons faire, pour nous conduire à la
connoissance & à l'amour de Dieu. Elle
doit enfin nous faire connoître Dieu
pour l'honorer.

Aprés que jûs fini ce discours, celui
que j'avois entrepris de guerir me té-
moigna qu'il étoit entierement vaincu,
qu'il auoit autant d'estime & d'amour
pour la Philosophie, qu'il avoit û de
mepris & d'aversion pour elle, & qu'il
étoit parfaitement persuadé que les femmes en pouvoient tirer la perfection de
leur entendement & de leur volonté.

I'espere que le moïen que j'ai mis
en vsage pour l'obliger à changer de
sentiment, pourra servir aus autres pour
guerir ceus qui doutent de la beauté de
la Philosophie, & qui pensent qu'elle
peut nuire à l'esprit des femmes, car
s'ils avoient vne parfaite connoissance
des choses qu'elle doit examiner, ils

ne pourroient douter que de sa beauté
sans faire parétre qu'ils ont perdu le
sens, & s'ils sçavoient qu'elle nous
éclaire dans les choses que nous devons faire pour la conduite de nôtre
vie, ils jugeroient clairement qu'elle
est tres-vtile aus femmes, puis qu'elles
doivent aussi bien que les hommes
éviter le vice & pratiquer la vertu.

J'entens murmurer quelques ennemis de ce sexe, & qui le sont aussi de
la lumiere & de la raison; mais je n'au-
rai pas beaucoup de peine à faire parétre leur aveuglement. Ie veus écouter
vos raisons, esprits de contradiction,
& il me sera facile de vous vaincre par
vos propres armes.

Si les femmes, dites-vous, ajoû-
toient la Philosophie à l'inclination &
à la facilité qu'elles ont d'exprimer leurs
pensées, elles seroient insuportables
dans les compagnies. Mais dites plûtôt qu'elles doivent aprendre la Philosophie pour moderer le desir qu'elles
ont de parler, & pour connoître clairement que le silence est aussi bien que la
parole vtile pour la societé.

Vous assûrés que l'étude de la Philosophie les détourneroit du soin qu'elles doivent prendre de leur famille.
Mais si vous étiés raisonnables, vous
sçauriés que la Philosophie leur donneroit le moïen d'établir un ordre admirable dans leurs maisons, en s'oposant
à la naissance des maus qui peuvent être
des effés de leur oisiveté, & en leur donnant des préceptes pour exciter leurs
enfans & leurs serviteurs à la crainte de
Dieu.

Vous dites encore que les femmes
ont beaucoup de vanité, & que la Philosophie les metroit en état de vouloir
assujetir tout le monde à leur empire. Ie
ne veus pas détruire entierement vôtre
premiere proposition, mon but n'est
pas de l'examiner ici exactement, & je
me contenterai d'en tirer une conse-
quence oposée à celle que vous en tirés. Ie vous accorde que les avantages
que les femmes ont reçûs de la nature
& la complaisance que les hommes ont
pour elles peuvent leur donner de la
vanité. Mais pourquoi voulés-vous les
empécher de chercher dans la Philoso-

phie Morale des remedes pour la cóm-
batre ? voudriés-vous défendre aux malades d'avoir recours aus Medecins ? ne
voudriés-vous pas ſecourir celui qui ſeroit en peril de tomber dans vn grand
precipice ? & voudriés-vous que l'on
abandonnat la conduite d'un vaiſſeau,
l'ors qu'il ſeroit agité d'une furieuſe
tempeſte ? Conſiderés quel eſt le déréglement de nos deſirs ? Car quand vous
combatés le deſſein que les femmes ont
d'aprendre la Philoſophie, vous deſirés
que la moitié du monde ſoit privée des
lumieres qui la pourroient conduire à ſa
perfection pour faire reluire la gloire de
Dieu.

Parlés enfin ouvertement, & dites-
moi qu'elle eſt la principale raiſon qui
vous atache à la défence d'vne ſi mau-
vaiſe cauſe ? vous étes dans le ſilence,
& je ne m'en étonne pas, car vous ne
pourriés me découvrir ſans honte vôtre
veritable ſentiment. Mais comme vôtre foibleſſe me donne quelque connoiſſance des mouvemens de vôtre
cœur, je penſe que c'eſt vôtre interét
plûtôt que celui des femmes qui vous
fait

fait soûtenir avec chaleur qu'elles ne doivent point étre instruites dans la Philosophie. Vous ne craigniés pas que l'étude de cette Science leur cause du mal ; mais vous craigniés peut-étre la confusion que vous en pourriés recevoir. Vous ne craigniés pas que la Philosophie puisse exciter quelque déréglement dans leur esprit ; mais l'envie vous persuade que les avantages qu'elles en pourroient recevoir auroient assés d'éclat pour obscurcir la gloire que vous desirés. Vous ne craigniés pas enfin que la Philosophie face naître vne grande confusion dans l'esprit des femmes ; mais vous sçavés qu'elle leur donneroit assés de lumiere pour leur découvrir vostre ignorance. Ie veus prendre vostre propre interét pour vous faire changer de sentiment , car si les femmes s'adonnoient à l'étude de la Philosophie , l'inclination de vaincre qui regne dans vôtre ame pourroit vous obliger à les imiter

Pour montrer que les femmes peuvent tirer de grans avantages de la Philosophie Morale , il faut sçavoir qu'elle

C

doit être divisée en quatre parties.

La premiere doit traiter de nôtre derniere fin, qui reçoit le nom de felicité.

La seconde doit expliquer les principes des actions humaines.

La troisiéme doit établir l'ordre des actions humaines.

La quatriéme doit examiner les vertus que nous devons pratiquer & les vices que nous devons combatre.

Si nous voulons avoir vne claire connoissance de l'ordre de ces quatre parties de la Philosophie Morale, nous devons sçavoir que la fin de cette Science est de nous rendre heureus par la pratique des vertus.

Il est vrai que les vertus Theologales & les dons du Saint Esprit, dont il faut discourir dans la Morale Chrétiene, doivent leur naissance à la bonté divine, qui les imprime dans nos ames ; mais les Vertus Morales, qui sont les premieres qualités qui les perfectionnent, y sont engendrées par quelques actions, c'est pourquoi l'explication des actions humaines doit preceder celle des vertus.

Les actions humaines supofent les principes qui les produifent, qui font l'entendement, la volonté & l'apétit fenfüel.

Cette propofition prouve que le traité des principes des actions humaines doit preceder celui des actions qui en dépendent.

Comme la caufe qui regarde vne fin vniverfele fait agir les puiffances qui tendent à quelque fin particuliere, qui eft contenuë fous cette fin générale, l'entendement & l'apétit fenfüel dépendent de la volonté, qui les meut, entant qu'elle tend au bien général.

Le bien qui atire principalement nôtre volonté, reçoit le nom de felicité.

La fuite des propofitions precedantes nous enfeigne clairement que le premier traité de la Philofophie Morale doit être celui de la felicité.

Puis que le plus excellent objet de nôtre connoiffance & de nos defirs, qui reçoit le nom de fouverain bien, fait agir nôtre volonté & que nôtre volonté meut les autres facultés qui relevent de fon empire, nous devons difcourir des principes des actions humaines dans la seconde partie de la Philosophie Morale.

La troisiéme doit disposer par ordre les actions humaines.

Enfin la quatriéme doit examiner les vertus que nous devons pratiquer & les vices que nous devons combatre.

Il faut découvrir les avantages que les femmes peuvent recevoir de ces quatre parties de la Philosophie Morale.

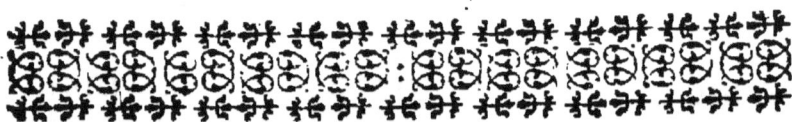

Des avantages que les femmes peuvent recevoir de la premiere partie de la Philosophie Morale.

CHAPITRE II.

S I nous voulons faire connoître clairement que les femmes doivent s'apliquer à l'étude de la premiere partie de la Philosophie Morale, nous devons sçavoir que les discours qu'il y faut faire de la felicité regardent, ou l'objet qui peut nous rendre heureus, ou l'action par qui nous pouvons être vnis au fouverain bien, car nous devons connoître le but auquel nous devons tendre & le moïen qui nous y doit conduire.

L'objet qui peut nous rendre heureus eft le but auquel nous devons tendre, & l'action par qui nous pouvons être vnis au fouverain bien eft le moïen qui nous y doit conduire, c'eft pourquoi tous les difcours qu'il faut faire de la felicité dans la premiere partie de la Philofophie Morale regardent, ou l'objet qui peut nous rendre heureus, ou l'action par qui nous pouvons être vnis au fouverain bien.

L'objet qui nous peut rendre heureus reçoit proprement le nom de fouverain bien, & l'action qui nous y atache reçoit proprement le nom de felicité.

Il eft certain que les femmes doivent auffi bien que les hommes tendre au fouverain bien ; il leur eft donc tres-vtile d'en connoître les conditions, pour fçavoir à qu'elle chofe elles doivent être atribuées.

La Philosophie Morale leur aprendra que les principales conditions du souverain bien, qui peuvent être la source de plusieurs conclusions qui en peuvent être tirées, peuvent être reduites à quatre.

Premierement, le souverain bien est tres-parfait.

En second lieu, il est desiré pour lui même seulement.

En troisiéme lieu, toutes choses y doivent être raportées.

Enfin, il peut borner entierement nos desirs.

La verité de ces quatre conditions du souverain bien peut être facilement connuë. Car puisque tout bien est parfait, le souverain bien, qui surpasse tous les autres biens par son excellence, est tres-parfait.

Cette premiere condition du souverain bien, peut servir de fondement pour en établir la seconde, car si le souverain bien étoit desiré pour vne autre chose, il ne seroit pas si parfait que la chose pour qui il seroit desiré ; il est donc desiré pour lui-méme seulement, puis qu'il est tres-parfait.

Celui qui fçait qu'il eft la derniere fin de toutes chofes juge facilement que toutes chofes font au deffous de lui comme fous leur derniere fin, d'où vient qu'il conclud que toutes chofes lui doivent être raportées.

Enfin, il peut borner entierement nos defirs, parce qu'il contient toutes fortes de perfections.

Les femmes pourront tirer plufieurs conclufions de ces quatre principales conditions du fouverain bien, comme elles pourront facilement découvrir l'aveuglement des avares, qui s'atachent entierement à la pourfuite des richeffes, qui n'ont aucune des quatre conditions precedantes.

Il eft certain qu'elles ne font pas tresparfaites, puis qu'elles peuvent être feparées des autres biens, & qu'elles peuvent être la matiere de plufieurs crimes.

Elles ne font pas defirées pour elles-mémes, parce qu'elles ne font que des moïens que nous devons emploïer pour nous opofer aus defaus de nôtre nature.

Puis que toutes choses doivent être
raportées au souverain bien, celui qui
le cherche dans les richesses travaille
inutilement. Car comme ce qui doit
être raporté à quelque chose n'est pas
si noble que la chose à qui il doit être
raporté, la science & la vertu, qui sont
des biens de l'ame, ne doivent pas être
raportées aus richesses, qui sont des
biens de la fortune.

Enfin l'experience nous aprend que
les richesses, qui ne contienent pas toutes sortes de perfections, ne peuvent
borner entierement nos desirs, & il arrive souvent que ceus qui les possedent
soufrent plus de douleur par l'absence
des biens qu'ils desirent que ceus qui
sont miserables, d'où vient que le Sage dit admirablement au treiziéme chapitre des Proverbes, qu'il y a des hommes qui devienent pauvres, quoi qu'ils
soient grandement riches.

Cette verité peut être connuë par la
lumiere que nous avons de la nature,
car Aristote nous enseigne au douziéme
chapitre du premier livre de sa Rheto-
rique qu'il y a deus sortes de pauvres,

dont les vns ont besoin de ce qui leur est nécessaire & les autres ont besoin de l'excés.

Les premiers, que nous apelons ordinairement pauvres, ont besoin des choses qui leur sont nécessaires pour la conservation de leur vie, & les autres que nous apelons riches, ont besoin de ce qu'ils desirent.

On void clairement que les premiers ne sont pas si pauvres que les autres, car l'homme ne doit avoir que peu de choses pour s'oposer aus defaus de sa nature, mais ses desirs n'ont point de bornes, quand ils sont déréglés, c'est pourquoi nous pouvons assûrer que la plus grande pauvreté est toûjours acompagnée de puissance & de méchanceté, parce qu'elle ataque ceus qui ont beaucoup de biens & qui ne sont pas contens de leur fortune.

Les avares, qui metent le souverain bien dans les richesses, s'imaginent facilement qu'elles sont la source de l'inégalité qui rend les hommes considerables. Comme les femmes qui surpassent les autres par l'abondance de leurs richeſſes peuvent facilement tomber dans cette erreur, il eſt neceſſaire de leur aprendre avec Ariſtote au premier chapitre du cinquiéme livre de ſa politique, que l'inégalité qui rend les vns plus conſiderables que les autres ne peut être fondée ſur les richeſſes, & qu'elle vient de la vertu.

Pour avoir vne claire connoiſſance de cette verité, il faut ſçavoir qu'il ne ſufit pas d'étre inégal aus autres pour étre loüable, mais que trois choſes ſont néceſſaires aus vns pour étre abſolument au deſſus des autres.

Premierement, l'inégalité qui doit faire eſtimer les hommes doit étre vn effet de leur induſtrie, car la liberté étant le fondement de la loüange & du blâme, comme nous ne devons pas blâmer tous ceus qui ſont miſerables, mais ſeulement ceus qui ſont ataqués du mal qu'ils pouvoient éviter, nous ne devons pas loüer tous ceus qui ont quelque avantage, mais ſeulement ceus qui ont travaillé pour l'aquerir.

En ſecond lieu, comme l'induſtrie humaine peut étre la ſource du mal &

du bien, ceus-là seulement sont au dessus des autres qui les surpassent en quelque bien.

Enfin les vns sont absolument au dessus des autres, quand ils les surpassent
dans vn bien qui peut recevoir le nom
de fin.

Ces verités nous enseignent clairement, que l'inégalité qui rend les vns
plus considerables que les autres doit
étre atribuée à la vertu, & qu'elle ne
peut étre fondée sur les richesses, car
ou celui qui les possede les a reçuës de
ses parans, ou il a emploïé beaucoup de
soin pour les aquerir.

Celui qui doit les biens qui lui apartienent à l'industrie de ses parans n'en
doit tirer aucune loüange, parce qu'il
n'y a rien contribué.

Il faut faire le méme jugement de
ceus qui sont au dessus des autres par
leur naissance ou par leur authorité, &
il faut conclure que tous ces avantages
font mépriser ceus qui les possedent,
quand ils sont separés de la vertu. Car
comme les riches doivent secourir les
pauvres dans leur misere, ceus qui sont

d'vne naiſſance illuſtre ſont obligés d'a-
joûter l'éclat de la vertu à celui de leur
naiſſance pour éclairer les autres, &
ceus qui ont beaucoup de puiſſance
doivent imiter Dieu, qui commande
ſans paſſion pour le bien de ſes créatures.

Ils doivent conſiderer que Dieu a fait
le pauvre & le riche, ſelon le témoignage du Sage au vint.deuxiéme chapitre
des Proverbes.

Comme la ſageſſe relüit dans tous
les ouvrages de Dieu, il a fait le pauvre
& le riche pour quelque fin.

Nous pouvons dire qu'il a fait le pauvre pour le riche, & le riche pour le pauvre, car ceus qui ſont élevés au deſſus
des autres doivent les avantages qui
les rendent conſiderables à la Providence divine, qui éleve les vns au deſſus des autres, ou pour les éclairer, ou
pour les ſecourir.

Ceus qui ont acquis beaucoup de
biens par leur induſtrie ſe perſüadent
facilement, que l'honneur, qu'ils penſent meriter, doit étre proportioné à la
grandeur de leur fortune, mais ils doi-

vent sçavoir que celui qui cherche l'honneur, qui est la recompense de la vertu, ne le merite pas.

Ils s'imaginent ordinairement qu'ils sont absolument au dessus des autres ; mais il est facile de combatre leur erreur, & pour en avoir la connoissance, il faut examiner par quels moïens ils ont trouvé l'abondance des richesses.

Les moïens que les hommes peuvent metre en vsage pour aquerir des richesses sont, ou injustes, ou loüables.

Ceus qui ont emploïé la tromperie, la fraude, la trahison & plusieurs autres moïens de cette nature pour surpasser les autres en richesses peuvent bien se persüader qu'ils sont absolument au dessus d'eus ; mais ils ne peuvent pas empêcher les Philosophes de faire parétre leur aveuglement.

Il est vrai qu'ils surpassent les pauvres en richesses, mais il y a des pauvres qui les surpassent en vertu.

Ils surpassent les pauvres en vn bien qu'ils ont acquis par d'injustes actions, qui peut leur étre ravi & qui peut étre la matiere de plusieurs crimes. Mais les

pauvres qui ont de la vertu les furpaf-
fent en vn bien qu'ils ont aquis par de
loüables actions, quï ne releve point
de l'empire de la fortune & qui eſt le
veritable principe des actions qui meritent l'honneur & la gloire.

Pour étre abfolument des autres, il
ne fufit pas d'avoir aquis des biens par
des moïens conformes à la raifon, car
celui qui eſt en cét état peut prendre
les richeſſes qu'il poſſede, ou pour fin,
ou pour moïen.

Quand elles paſſent pour fin dans fa
penfée, il prend pour fin ce qui ne de-
vroit lui fervir que de moïen.

Cette propofition nous aprend, qu'il
change l'ordre qu'il doit garder dans la
fin & dans les moïens.

Le changement qu'il fait de cét ordre prouve qu'il eſt déreglé.

Son déreglement nous enfeigne, qu'il
n'a point de prudence.

Comme il eſt privé de cette vertu,
qui eſt la régle des autres vertus morales, il eſt tres-évident qu'il n'eſt pas
abfolument au deſſus des autres.

Celui qui prend les richeſſes qu'il poſ-

sede pour moïen seulement les met en
vsage, ou pour faire de mauvaises
actions; & alors il se met au dessous
des pauvres qui ont de la vertu, comme nous avons montré auparavant,
ou pour faire du bien, comme pour
assister les miserables.

Celui qui fait des actions de cette nature pour étre estimé des hommes est
inferieur à celui qui les fait pour suivre
la raison.

Le premier doit étre condamné d'a-
veuglement; car quoi qu'il ait évité
plusieurs defaus, il nous fait connoître
qu'il prefere l'opinion des hommes à
la vertu. Mais le second, qui ne cherche pas l'estime, la merite.

Il ne doit pas étre loüé de ce qu'il a
beaucoup de biens; mais il doit étre
loüé, parce qu'il les aplique à vn bon
vsage.

Cette action est vn effet de la vertu;
il faut donc conclure avec Aristote que
l'inégalité qui rend les vns plus considerables que les autres ne vient pas des
richesses, & que c'est la vertu qui l'établit absolument entre les hommes.

Comme le foin que prenent les hommes de plaire aus femmes peut facilement exciter l'ambition dans leur ame, la Philofophie Morale leur eft néceffaire pour leur aprendre que l'honneur ne peut étre le fouverain bien.

Pour leur donner vne claire connoiffance de cette verité, il faut leur montrer que tous les hommes defirent l'honneur, que tous le cherchent pour quelqu'autre chofe & que felon la diverfité des fins qu'ils fe propofent les vns doivent étre blâmés & les autres donnent des marques d'vne vertu tres-éclatante.

On pourroit facilement douter de la verité de fa premiere propofition, car peut-on croire que le defir de l'honneur s'imprime dans l'ame des avares, qui s'atachent entierement à la pourfuite des biens de la fortune ? peut-on avoir cette penfée de ceus qui font dans le dernier degré d'intemperance, qui vivent d'vne façon qui leur eft commune avec les beftes ? peut-on s'imaginer que le defir de la gloire fe forme dsns le cœur de ceus qui font profeffion

fion de ravir par adreffe ou par violence les biens & la vie de leur prochain ? Enfin quand nous voulons bien
exprimer le déreglement de ceus qui
font entierement adonnés au vice, nous
difons qu'ils méprifent l'honneur.

Ie demeure d'acord que les hommes
qui preferent la conduite de la paffion à
celle de la raifon & qui abandonnent
la vertu pour fuivre le vice ne font pas
les chofes qui meritent l'honneur &
qu'ils ne defirent pas l'honneur, entant que le defir de ce bien là eft conforme à la raifon, c'eft à dire, qu'ils
ne fe portent pas aus chofes qui font
aprouvées des gens de bien. Mais je
foûtiens que les vns en quelque état
qu'ils foient voudroient être eftimés &
honorés des autres.

Il faut fçavoir quatre chofes pour bien
entendre cette verité.

Premierement, que la preuve en doit
être tirée des inclinations des hommes.

En fecond lieu, qu'ils veulent aquerir ce qu'ils n'ont pas & qu'ils ne veulent pas perdre ce qu'ils poffedent,

comme ils veulent aquerir la vertu, mais ils ne veulent pas renoncer à leurs plaifirs.

En troifiéme lieu, que le combat de ces inclinations les porte fouvent au vice.

En quatriéme lieu, que lors que ces inclinations ne font pas opofées les hommes cherchent toûjours les chofes qu'ils defirent, pourveu qu'elles ne foient pas au deffus de leur puiffance.

La fuite des propofitions precedantes nous enfeigne clairement, que tous les hommes reçoivent du plaifir d'étre eftimés, parce qu'ils aquierent quelque chofe, fans rien perdre.

Ce plaifir, qui eft vn repos, eft vne fuite de quelque mouvement, c'eft à dire, du defir qui le precede ; nous devons donc conclure que le defir de l'honneur peut faire quelque impreffion dans l'ame des gens de bien & dans celle des méchans. Mais la fin que les vns fe propofent eft bien diferante de celle des autres, car les gens de bien ne defirent l'honneur que pour éclairer les autres, mais les méchans le cher-

chent pour leur ôter quelque connoiſſance.

Ceus qui ſont élevés au dernier degré de perfection peuvent deſirer que
leur vertu ſoit connuë ; mais ils ne per-
metent que ce deſir ſe forme en leur
ame que pour obliger les autres à les
imiter.

Ceus qui ſont dans le dernier degré
du vice peuvent ſouhaiter que les autres
aïent bonne opinion de leurs actions,
afin qu'ils ne puiſſent pas découvrir leur
malice.

La diverſité des conditions, qui excite l'indignation dans l'ame des pauvres & l'ambition dans le cœur des
grans fait naître ici vne plus grande
dificulté que celle qui eſt fondée ſur le
vice & ſur la vertu. Car quoi que les
gens de bien & les méchans puiſſent
deſirer l'honneur, on ne peut pas conclure que ce deſir ſoit commun à tous
les hommes en quelque état qu'ils puiſſent étre.

Cette paſſion établit ſon empire dans
l'ame de ceus qui ſurpaſſent les autres
par leurs richeſſes ou par leur naiſſan-

ce & on peut dire qu'elle n'ataque point ceus qui font entierement privés de ces avantages. Il femble que ces ames baffes & mercenaires, qui font des inftrumens animés pour executer la volonté de leurs fuperieurs, ne defirent que les chofes qui leur font abfolument néceffaires pour la confervation de leur vie.

Comme les actions de ceus qui font reduis à cette mifere répondent à la baffeffe de leur condition, on n'en doit rien atendre de grand, & leurs defirs ne font pas affés élevés pour chercher fa gloire.

Il eft vrai que la plus forte paffion des miferables eft celle qui les porte aus chofes qui leur font vtiles pour la confervation de leur vie ; mais le defir de les obtenir peut engendrer dans leur ame celui des honneurs, d'où vient qu'Ariftote nous enfeigne au neuviéme chapitre du huitiéme livre de fa Morale que le vulgaire veut étre eftimé de ceus qui ont beaucoup de puiffance pour en recevoir les chofes qui lui font néceffaires pour la confervation de fa vie.

Il semble qu'Aristote se contredit, parce qu'il assûre au septiéme chapitre du second livre de sa Politique contre Phaleas, qu'vne Republique ne seroit pas à couvert de toutes sortes de seditions, quoi que les richesses fussent également distribuées à ses parties, car les divisions qui détruisent le repos des états ne vienent pas seulement de l'inégalité des richesses; mais elles vienent aussi de l'égalité des honneurs.

Si l'inégalité des richesses fait tre le desir d'exciter des troubles d l'ame du vulgaire, ceus qui sont illustres par leur naissance peuvent recevoir vn grand déplaisir par l'égalité des honneurs, d'où vient qu'ils ne peuvent souffrir que les avantages qu'ils pensent meriter soient en la disposition de ceus qui sont élevés de la lie du peuple aus Charges les plus éminentes des Republiques. Ils ne peuvent demeurer en repos, lors qu'ils considerent que les honneurs qui n'apartienent qu'à ceus qui content parmi leurs encêtres plusieurs têtes couronnées sont distribués à ceus qui doivent leur naissance à la boutique d'vn artifan ou à la cabane d'vn berger. Mais ils doivent fçavoir que la vertu fait naître la nobleffe & que le vice la détruit.

La diverfité des fins du vulgaire & des ambitieus femble prouver que le vulgaire s'atache feulement au bien vtile & que les ambitieus defirent l'honneur ; il ne faut donc pas conclure que le defir des hommes foit commun à tous les hommes en quelque état qu'ils puiffent être.

Le paffage d'Ariftote qui a été raporté auparavant ne doit pas pourtant nous empêcher de tirer cette conclufion, car il prouve feulement que les ambitieus preferent l'honneur aus richeffes & que le vulgaire fait plus d'état du fecond de ces biens que du premier. Mais le defir des richeffes peut engendrer dans fon ame celui des honneurs, parce qu'il peut fouhaiter l'eftime des grans pour en recevoir quelque chofe.

Les raifons precedantes ne montrent pas feulement que tous les hommes defirent l'honneur ; elles nous enfeignent encore qu'ils le cherchent toûjours pour quelque autre chose, car le vulgaire y tend pour avoir ce qui lui est nécessaire pour la conservation de sa vie, l'ambitieus le desire pour se confirmer dans la pensée qu'il a de son merite & le magnanime le poursuit pour éclairer les autres.

Le vulgaire prefere les richesses à l'honneur, l'ambitieus dans la recherche de la gloire a plus de soin de l'opinion que de la verité & le magnanime prefere la verité à l'opinion.

Le vulgaire s'abaisse facilement devant ceus qui ont beaucoup d'authorité; mais son abaissement vient du desir qu'il a d'obtenir les richesses, l'ambitieus veut surpasser les autres dans les choses qui ont assés d'éclat pour éblouïr les hommes & le magnanime tâche d'augmenter sa vertu.

Enfin le vulgaire nous découvre sa bassesse par ses desirs & par ses actions, l'ambitieus fait parétre sa folie & le généreus fait connoître sa vertu pour faire relüire la gloire de Dieu.

Puis que l'honneur est toûjours defiré pour quelqu'autre chofe, il ne peut être le fouverain bien, qui étant abfolument indépendant eft defiré pour lui-même feulement.

Si l'honneur ne doit pas être le derniere terme de nos defirs, les conditions du fouverain bien convienent encore moins à la puiffance humaine, que les ambitieus defirent pour être honoré.

Il faut découvrir cette verité aus femmes, pour regler les defirs de celles qui veulent s'élever au deffus des autres, & pour aprendre à celles qui ont beaucoup de puiffance à connoître les défaus qu'elles doivent éviter.

Il eft certain que la puiffance humaine, qui peut être le principe de plufieurs chofes loüables & vitieufes, ne peut être le fouverain bien, qui eft tresparfait, étant la derniere fin de toutes chofes.

Pour faire connoître la fuite de ces propofitions, il faut dire que la puiffance humaine, étant du nombre des principes, ne peut être la derniere fin de l'omme ; qu'étant vn principe de
plufieurs

plusieurs choses seulement, elle ne peut
être la derniere fin de toutes choses &
que pouvant servir pour commetre plusieurs crimes, elle ne peut être le souverain bien, qui est tres-parfait.

Pour avoir vne plus claire connoissance des conclusions precedantes, il
faut considerer que la puissance humaine peut être clairement connuë par ses
conditions, & qu'elle en a principale-
met trois.

Premierement, quand nous lui donnons le nom de principe, nous voulons
dire qu'elle est vn moïen pour arriuer
à quelque fin.

En second lieu elle est vn principe de
plusieurs choses seulement. Car comme
elle appartient aus hommes, qui ne possedent pas toutes sortes de perfections,
elle est bornée.

Il est vrai que les Tyrans donnent plusieurs marques de la grandeur de leur
puissance ; mais les choses qui s'oposent à la violence de leurs desirs font
parétre leur foiblesse. Ils peuvent souvent ravir la vie à ceus qui ne veulent
pas étre les instrumens de leur injustice ;

E

mais ils ne peuvent pas difpofer des actions de leur entendemént , ni de celles de leur volonté.

Enfin la puiffance humaine peut fervir pour pratiquer la vertu, & pour commetre plufieurs crimes, c'eft pourquoi il faut affûrer qu'elle eft vn bien, en puiffance feulement , c'eft à dire, qu'elle eft vn bien, ou vn mal, felon le bon, ou le mauvais vfage que nous en pouvons faire.

Ces trois conditions de la puiffance humaine , qui nous en donnent vne claire connoiffance , peuvent être les fondemens de trois conclufions que nous en pouvons tirer pour ataquer les ambitieus , qui donnent des preuves tres-évidentes de la foibleffe de leur efprit , quand ils cherchent le fouverain bien dans la puiffance humaine.

Premierement, puis que la puiffance humaine eft vn moïen pour arriver à quelque fin , il eft tres-evident qu'elle ne peut étre vne derniere fin.

En fecond lieu , la puiffance humaine étant vn principe de plufieurs chofes feulement, elle ne peut étre la derniere fin de toutes chofes.

Enfin comme elle peut étre le principe de plusieurs crimes, elle ne peut étre
le souverain bien, qui ne peut étre cause d'aucun mal, étant tres-parfait.

Si la Philosophie Morale est vtile aus
femmes pour leur faire connoître que les
avares, qui cherchent le souverain bien
dans les richesses, trauaillent inutilement
& que les ambitieus, qui prenent l'honneur pour le dernier terme de leurs desirs, tombent en contradiction, puis qu'ils
desirent l'honneur pour quelqu'autre
chose, elles pourront tirer de grans avantages de la méme science, qui leur aprendra contre les voluptueus que les biens
dû corps ne peuvent étre le souverain
bien.

Comme le souverain bien, qui est tres-
parfait, ne peut étre cause d'aucun mal, il
faut avoir perdu l'vsage de la raison pour
le chercher dans les biens du corps, qui
peuvent étre la source de plusieurs maus.

La beauté, la santé & la force du corps
peuvent nuire à ceus qui les possedent
& aus autres, car la plûpart des beau-
tés sont crimineles, ou si elles sont in-
nocentes, elles sont beaucoup de coupables.   E ij

La santé & la force peuvent être les inſtrumens de l'intemperance & de l'injuſtice.

Enfin il arrive ſouvent que la ſanté & la force de l'ame dépendent de la maladie & de la foibleſſe du corps.

Celui qui fera reflexion ſur les diferantes actions des hommes dans la ſanté & dans la maladie ne pourra douter de la verité de ces propoſitions, car l'experience ordinaire nous aprend que les hommes ſe ſervent ſouvent de la ſanté & de la force du corps pour commetre pluſieurs crimes, que ceus qui ont reçû de Dieu ces perfections ſont coupables d'ingratitude, que l'excés de leurs paſſions les conduit à la haine de Dieu & qu'ils ſont en peril de revoquer en doute ſon exiſtence. Mais quand ils ſont ataqués d'vne grande maladie, ils changent ordinairement de façon de vivre. La crainte de Dieu ſe forme dans leur ame, ils jugent clairement qu'ils doivent atendre de ſa juſtice la recompenſe de leur merite ou la puuition de leurs crimes, ils ménagent le reſte du tems qu'ils ont à vivre pour bien

mourir , & nous pouvons dire que la
violence de leur maladie est le commencement de leur vie. Enfin nous voïons
des hommes qui se servent des lumieres
du jour pour éclairer leurs vanités &
des tenebres de la nuit pour couvrir
leurs dereglemens. Mais lors qu'ils sont
malades les tenebres de la nuit augmen-
tent l'horreur qu'ils ont de leurs crimes
& la lumiere du jour les contraint d'admirer la beauté des ouvrages de Dieu.
Cette admiration leur donne vne claire connoissance de cette premiere cause
& cette connoissance imprime dans leur
ame l'amour de sa bonté & la crainte
de sa puissance.

Comme l'oisiveté peut facilement
porter les femmes à la recherche du
plaisir, la Philosophie Morale leur est
vtile pour leur découvrir les maux que
cét ennemi domestique peut faire naître
dans l'ame des voluptueus.

Cette Science leur aprendra que l'o-
cupation des voluptueus est vaine, ridicule & criminele.

Ils s'adonnent au plaisir pour étre en
repos, leur occupation est donc vaine &

ridicule, car celui qui cherche le plaiſir ſe met en peril de recevoir beaucoup d'inquietude ; mais celui qui lui reſiſte & qui tâche d'aquerir la perfection de ſon entendement & de ſa volonté eſt en repos, car le premier trouve vn plaiſir qui eſt ſuivi de douleur ; mais le ſecond, qui ne tend pas au plaiſir du corps, trouve vn veritable plaiſir, qui n'eſt point acompagné de douleur.

Celui qui tend au plaiſir, le trouve ; mais le plaiſir qu'il rencontre eſt ſuivi de douleur, car agiſſant par paſſion, il veut recevoir promtement du plaiſir, c'eſt pourquoi il le cherche dans les choſes corporeles.

Les choſes de cette nature ont quelque perfection avec pluſieurs defaus.

Si la connoiſſance de leur perfection peut donner du plaiſir, celle de leurs defaus peut être la cauſe de la douleur.

Comme elles ſont ſujetes au changement, ſi leur preſence peut faire naître quelque plaiſir dans l'ame de celui qui les poſſede, leur abſence peut être cauſe de ſon inquietude.

Enfin le plaiſir qui en provient eſt ſui-

vi de douleur, parce qu'il ne convient
pas à l'homme entant qu'il eſt homme,
n'étant pas ſelon la raiſon, qui ſépare
l'homme des beſtes.

Celui qui ne cherche point le plaiſir
& qui tâche d'aquerir la perfeſſion de
ſon entendement & de ſa volonté trouve vn veritable plaiſir, qui n'eſt point
acompagné de douleur, car le plaiſir
qui eſt vne ſuite inſéparable des aſſions
de la ſcience & de la vertu eſt ſans douleur, parce qu'il convient à l'homme
entant qu'il eſt homme.

Nous connoîtrons que l'ocupation
des voluptueus eſt criminele, ſi nous
conſiderons que le plaiſir trompe celui
qui le pourſuit, entant qu'il obſcurcit
la lumiere de ſa raiſon, qu'il le conduit par degrés à la haine de Dieu &
qu'il le met en peril de revoquer en
doute l'exiſtence de cette premiere cauſe.

L'incontinence eſt le premier déreglement que la volupté produit dans
l'ame de celui qui ſe laiſſe vaincre par
ſes charmes.

Celui qui eſt en cét état veut aquerir

E iiij

ce qu'il n'a pas; mais il ne veut pas perdre ce qu'il possede. Il veut aquerir la vertu, qu'il estime; mais il ne veut pas renoncer à ses plaisirs.

La seconde de ces deus inclinations remporte la victoire sur la premiere, c'est pourquoi l'incontinent, qui la suit, prefere le bien aparant à celui qui est veritable.

Comme l'incontinent reçoit deus mouvemens, dont l'vn, qui suit la raison, le porte à ce qui est honéte & l'autre, qui suit le sens, le conduit à ce qui est agréable, quelques passions vienent au secours de sa raison contre la violence de l'ennemi qui l'ataque, car le desir de poursuivre ce qui est honéte & la fuite des choses qui sont contraires à l'honéteté se forment dans son ame. Mais il ne peut tirer vn grand avantage de ces deus passions, car le plaisir, qui le trompe, les atire à son parti, par le changement de leur objet.

Le desir d'aquerit la vertu cede à celui de poursuivre ce qui est agréable, & la fuite des choses qui sont oposées à l'honéteté est détruite par celle de la douleur.

Comme la concupifcence difpofe de toutes les paffions de l'apétit concupifcible, il faut éxaminer fi elle obtient la même puiffance fur celles de l'irafcible, ou s'il y a quelque mouvement de cette faculté qui fe range du parti de la raifon contre les effors de la concupifcence.

Si nous confiderons atentivement l'ordre du combat qui eft entre la partie fuperieure & l'inferieure de l'incontinent, nous fçaurons que la concupifcence le porte à vne chofe dont il eft détourné par fa raifon & par la crainte de la punition. Mais la concupifcence emploie de nouveaus artifices pour rendre la crainte de la punition inutile dans le combat qui eft entre la volonté & l'apétit fenfüel, & comme les lois humaines ne puniffent pas toutes fortes de crimes, elle porte l'incontinent à vne chofe qu'il peut faire fans étre puni.

Si nous confiderons pourtant l'ordre des mouvemens de l'incontinent, nous trouverons qu'il y a encore quelque paffion de l'apétit irafcible qui protege fa

raiſon contre les artifices de la concupiſcence, car ſi cét agréable & dange-
reus ennemi excite celui qui ſe laiſſe
ſurprendre par ſes charmes à la pour-
ſuite d'vne choſe qu'il puiſſe faire ſans
étre puni, il peut arriver qu'il le conduit à vne choſe qu'il ne peut executer
ſans étre blâmé.

Ie demeure d'acord qu'en cette rencontre la raiſon de l'incontinent ne peut
étre fortifiée par la crainte des peines ;
mais je ſoûtiens qu'elle peut tirer quelque ſecours de celle du mépris.

La concupiſcence redouble ſes forces, pour rendre la crainte du mépris
auſſi inutile que celle de la punition ;
& pour obtenir cét avantage, elle pro-
poſe à l'incontinent la recherche d'vne
choſe agréable qui peut étre cachée aus
yeus des hommes.

Il ſemble qu'aprés cét artifice toutes
les autres paſſions ſoient, ou inutiles
pour defendre la raiſon, ou d'intelligence avec la concupiſcence pour la
combatre. Mais ſi nous avons vne parfaite connoiſſance de tous les mouvemens que la nature imprime dans l'a-

me de l'homme pour l'éloigner du vice, nous sçavons que la concupiscence le portant à vne chose qui est cachée aus yeus des hommes n'ôte pas entiere- ment à la crainte les armes qu'elle peut emploïer pour defendre la raison, car celui qui sçait qu'vne chose qui est l'objet de la concupiscence ne tombe pas sous la connoissance des hommes juge qu'elle ne peut étre inconnuë à Dieu, c'est pourquoi si la crainte du mépris lui est inutile pour vaincre le plaisir, celle de la punition divine lui peut servir pour s'oposer à sa violence.

Le dernier artifice de la concupiscen- ce est de suprimer la crainte de la pu- nition divine, par vne autre passion qui prouve clairement que l'incontinent a la connoissance du vice qu'il commet, dans le moment méme auquel il se lais- se vaincre par le plaisir, qui le trompe.

Pour établir la verité de cette propo- sition, il faut sçavoir que la crainte de la punition divine qui fortifie la raison de l'incontinent contre les apas de la volupté est détruite par l'esperance de pardon, car si nous examinons les

aƈtions ordinaires de ceus qui font dans
l'état d'incontinence, nous trouverons
que l'efperance de pardon eft la derniere
re chofe que la concupifcence met en
vfage pour vaincre leur raifon.

Comme le pardon fupofe l'ofenfe,
celui qui efpere que Dieu lui fera mifericorde
fericorde juge qu'il eft coupable ; nous
devons donc affûrer que l'incontinent a
la connoiffance du vice qu'il commet,
dans le moment méme auquel le plaifir
fir remporte la viƈtoire fur fa raifon.

Il eft vrai qu'il prefere le plaifir à l'honéteté
néteté ; mais fon aƈtion eft acompagnée
de l'efperance de pardon, du deffein de
quiter le vice & de l'efperance d'vne
longue vie.

Ces circonftances prouvent clairement
ment qu'il a la connoiffance du vice
dont il eft coupable & de la vertu qu'il
abandonne.

Sa foibleffe donne de nouveles forces
ces à la volupté, d'où vient qu'il fe
laiffe vaincre fouvent par cér ennemi
domeftique & que fa maladie s'augmente
mente, car il paffe facilement de l'état
d'incontinence à celui d'intemperance,

c'est à dire, d'vne lâche irresolution à
vne constance criminele.

Dans le premier état il suivoit tantôt la conduite de sa raison & tantôt le mouvement de sa passion ; mais dans le second il cede absolument aus atrais de la concupiscence.

Dans le premier état il tâchoit de vaincre le plaisir, qu'il regardoit comme son ennemi ; mais dans le second il le prend pour sa derniere fin.

Dans le premier état il étoit semblable à celui qui est ataqué d'vne fiévre intermitente ; mais dans le second nous pouvons le comparer à celui qui est agité d'vne fiévre continuë.

Dans le premier état il étoit semblable à vne Republique qui fait de bonnes lois & qui ne les observe pas toûjours ; mais dans le second il est semblable à celle qui établit des lois pernicieuses & qui les met toûjours en execution.

Enfin l'homne dans l'état d'incontinence demeure d'acord, que les sens doivent être assujetis à l'empire de la raison, que la loi naturele, qui est la premiere régle de nos actions, nous incite à pourſuivre le bien qui convient à cette faculté ſpiritüele & que le repos de l'homme dépend de la moderation de ſes plaiſirs. Mais il change de langage dans l'état d'intemperance, car il ſoûtient que nous devons acorder à nos ſens ce qu'ils demandent, que la loi naturele, que nous devons ſuivre, nous porte au plaiſir & que c'eſt dans cette action ſeulement que nous pouvons trouver le repos de la vie.

Comme la parole eſt le portrait de la penſée, les diferans diſcours que l'homme fait dans l'état d'incontinence & dans celui d'intemperance nous découvrent la diverſité de ſes ſentimens dans ces deus étas.

Ils nous enſeignent que dans le premier il a vne claire connoiſſance des principes qui regardent la conduite de la vie humaine, & que dans le ſecond cette connoiſſance eſt obſcurcie, ou entierement éfacée.

Il n'eſt pas dificile de rendre la raiſon de ce déreglement, parce que l'apétit ſenſüel de l'intemperant commande abſolument à ſa volonté.

Cét avantage, qui lui eſt arrivé contre l'ordre de la nature, eſt vne preuve tres-évidente qu'il a fait ceſſer le combat qui étoit entre lui & cette divine faculté, il a donc détruit ce qui pouvoit l'entretenir, c'eſt à dire, qu'il a obſcurci, ou éfacé entierement la connoiſſance des principes qui regardent la conduite de la vie humaine.

Celui qui eſt reduit par ſa faute à cette condition qui le rend eſclave de ſes paſſions peut connoître qu'vn triangle a trois angles égaus à deus drois, que les lignes droites qui ſont tirées du centre d'vn cercle à ſa circonference ſont égales, qu'vn corps ne peut paſſer d'vne extremité à l'autre ſans paſſer par le milieu. Enfin il peut avoir vne claire connoiſſance de pluſieurs autres principes de la Geometrie & de la Phyſique; mais il a perdu celle des preceptes de la loi naturele, qui pourroient le conduire à la pratique de la vertu.

L'apétit ſenſüel, qui a pû aſſujetir à ſes lois la volonté de cét homme incurable, n'a point fait d'effort pour lui ravir la connoiſſance de pluſieurs principes des sciences speculatives ; mais il a emploié tous ses artifices pour lui ôter celle des preceptes moraus, parce qu'il n'a pas declaréla guerre à toutes les connoissance, mais seulement à celles qui pouvoient l'empécher d'arriver à sa fin.

L'homme peut étre intemperant, sans avoir perdu toutes les lumieres qui l'incitent à la poursuite du bien qui convient à sa nature, & nous pouvons dire que l'ame de celui qui n'a pas vécu long-tems en cét état est semblable à vn papier rempli de plusieurs caracteres dont les moindres sont éfacés & les gros sont encore visibles.

Il sçait qu'il y a vn Dieu, que sa sagesse est incomprehensible, que sa bonté se fait parétre par les effés de sa providence & que sa puissance ne peut étre limitée.

Ces lumieres lui montrent, qu'il doit honorer Dieu par l'admiration , par l'amour de sa bonté & par la crainte de ses jugemens. Mais l'apétit sensüel, qui a vsurpé vne puissance tyrannique sur sa raison & sur sa volonté, le détourne

tourne de la pratique de ces loüables actions.

La haine de Dieu se forme en son ame. Car puis qu'il prend le plaisir pour sa derniere fin & que Dieu, qui en défend la poursuite, a la puissance de punir ceus qui s'y adonnent, il peut haïr cette premiere cause, à l'égard de ces deus effés, qui sont contraires a sa volonté, parce qu'elle est dépravée par les passions.

Enfin il tombe dans le dernier degré de folie, qui lui fait revoquer en doute l'existence divine, car aiant pratiqué toutes sortes de vices, il voudroit que Dieu fût, ou ignorant, ou foible, afin qu'il ne connût pas ses crimes, ou qu'il nût pas la puissance de le punir. Mais sa lumiere naturele n'étant pas entierement éteinte, il sçait que l'ignorance & la foiblesse sont incompatibles avec vne nature dont la connoissance est infinie & dont la puissance ne peut étre limitée, c'est pourquoi étant persecuté par la crainte des peines qui sont duës aus crimes qu'il a commis, il voudroit qu'il n'y ût point de Dieu, & comme la violence de ce desir corromt son ju-

F

gement, il doute de son existence.

Aprés que les femmes auront connu, par le moïen de la Philosophie Morale, l'aveuglement des avares , qui s'atachent entierement à la poursuite des richesses , celui des ambitieus , qui se laissent éblouïr par l'éclat des honneurs & celui des voluptueus , qui metent le souverain bien dans les plaisirs du corps, la méme science leur aprendra tres-clairement qu'il n'y a que Dieu qui puisse borner entierement leurs desirs , car leur lumiere naturele , qui est vne participation de la premiere raison, les conduira par degrés à sa source , c'est à dire, que la lumiere que Dieu leur a donnée leur aprendra qu'il doit étre le principal objet de leur connoissance & de leur amour,

Pour bien établir cette verité , il faut sçavoir que le souverain bien est le premier de tous les biens. Car comme le souverain de châque ordre est le premier de cét ordre-là, le souverain dans l'ordre des biens en est le premier.

Etant le premier de tous les biens , il est absolument indépendant.

Comme il eſt abſolument indépendant, il eſt l'eſſence méme du bien, car
ou il eſt eſſentielement bon par quelque
choſe, ou il eſt l'eſſence méme du bien.

S'il étoit eſſentielement bon par quelque choſe, il ne ſeroit pas abſolument
indépendant ; il faut donc conclure
qu'étant abſolument indépendant il eſt
l'eſſence méme du bien.

Puis qu'il eſt l'eſſence méme du bien,
il eſt la ſource de toute bonté. Car
comme tout bien participe à l'eſſence
de la bonté, le ſouverain bien, qui eſt
l'eſſence méme du bien, eſt auſſi la
ſource des autres biens, qui ſont des
étres par participation du premier étre.

Celui qui ſçait que le ſouverain bien
eſt la ſource de toute bonté, juge claire-
rement que tous les autres biens, qui
en provienent, ſont au deſſous de lui
comme des moïens ſous leur derniere
fin ; nous devons donc aſſûrer que le
ſouverain bien eſt la derniere fin de
toutes choſes.

Comme toute fin eſt le terme de quelque mouvement, la derniere fin d'vne
choſe eſt le dernier terme de ſon mou-

vement, c'est pourquoi le souverain bien, qui est nôtre derniere fin, doit être le dernier terme de nos desirs.

Nos desirs ne peuvent être entierement bornés que par la possession d'vn bien vniverfel.

Enfin il n'y a point de bien qui foit vniverfel que Dieu, qui étant le premier étre contient toutes fortes de perfections fans aucun defaut.

La fuite des propofitions precedantes prouve clairement, que Dieu est le fouverain bien & qu'il doit étre la regle des autres biens que nous pouvons defirer, car la fin est la mefure des moïens qui nous y doivent conduire.

Ie penfe que ceus qui font raifonnables demeureront d'acord que les femmes pourront recevoir de grans avantages de tous les difcours qu'on pourra leur faire dans la Philofophie Morale, pour leur montrer qu'elles ne doivent pas chercher le fouverain bien dans aucun bien créé & qu'il leur est impoffible de le trouver que dans Dieu. C'est le meilleur moïen que l'on puiffe metre en vfage pour les détourner du vice &

pour les conduire à la pratique de la
vertu. Car comme le vice se forme dans
l'ame de celui qui méprisant Dieu cherche les biens du monde, qui ont assés
d'éclat pour l'éblouïr, le merite, qui
acompagne la vertu, reluït dans les
actions de celui qui méprise les biens
de la terre, pour s'atacher à Dieu.

Le premier se laisse conduire par l'excés de sa passion; mais le second suit
les lumieres qui sont naturelement imprimées dans son entendement.

Le premier perd la beauté de son
ame, entant qu'il s'vnit d'vne façon
immoderée aus choses corporeles; mais
le second la conserve.

Enfin le premier se met en peril de
recevoir beaucoup d'inquietude; mais
le second joüit d'vn parfait repos.

Nous avons prouvé au commencement de ce chapitre que tous les discours qu'il faut faire de la felicité dans
la premiere partie de la Philosophie
Morale regardent, ou l'objet qui peut
nous rendre heureus, qui reçoit proprement le nom de souverain bien, ou
l'action par qui nous pouvons étre vnis

au souverain bien, qui reçoit proprement le nom de felicité.

La felicité convient à l'homme, ou en cette vie, ou en l'autre.

La premiere est, ou naturele, ou furnaturele.

La felicité naturele étant la perfection de l'homme entant qu'il est homme consiste essentielement dans les plus nobles actions de son entendement & de sa volonté, c'est à dire, que l'homme joüit de la felicité qu'il peut aquerir par l'effort da sa nature, lors que son entendement contemple Dieu, qui est tres-veritable, & que sa volonté ayme Dieu, qui est tres-bon.

La felicité furnaturele de cete vie métant l'homme en état de posseder Dieu en l'autre vie consiste essentielement dans l'amour de Dieu.

Enfin la felicité de l'autre vie érant la possession de Dieu consiste essentielement dans la contemplation de l'essence divine.

J'ai prouvé toutes ces propositions dans la premiere partie de la Philosophie Morale & je me contenterai de découvrir ici deus verités aus femmes, dont elles pourront tirer quelque avantage pour la conduite de leur vie.

Premierement que le bon heur de cette vie eſt abſolument néceſſaire pour arriver à celui de l'autre vie.

En ſecond lieu que la felicité que les Chrétiens peuvent obtenir en cette vie conſiſte eſſentielement dans l'amour de Dieu.

Le vulgaire n'eſt pas d'acord de la premiere de ces deus verités, car il penſe que ceus qui ſont heureus en ce monde ne peuvent l'étre en l'autre vie.

Il eſt vrai que ceus qui ſont heureus ſelon le ſentiment du vulgaire ſont en peril d'étre éternelement mal-heureus, car ceus qui ont reçû de grans avantages de la nature & de la fortune pour éclairer les autres & pour les ſecourir combatent ordinairement les ordres de la providence divine, par les mémes choſes qui leur ont eſté données pour les executer.

Il ſemble que ceus qui poſſedent les charges les plus éminentes des Republiques ne ſoient élevés au deſſus des autres que pour faire éclater leur vanité

Puis qu'ils font coupables de ce vice, qui détruit l'humilité, ils n'ayment pas Dieu.

Comme ils n'ont point d'inclination pour le fouverain bien, ils n'y tendent pas, & le defaut de ce mouvement les rend incapables d'en obtenir la poffeffion.

Enfin ceus qui ont beaucoup de biens de la fortune ont ordinairement peu de charité; le defir qu'ils ont d'augmenter les biens qui les rendent confiderables devant les hommes les éloigne de Dieu & plufieurs paffages de l'Ecriture Sainte nous enfeignent qu'ils ne peuvent que tres-dificilement arriver à la jouïffance de fa gloire. Mais ceus qui font veritablement heureus doivent efperer que la poffeffion de Dieu fera l'acompliffement de leurs defirs.

Il ne fufit pas à l'homme d'avoir de grans avantages de la nature & de la fortune; mais il doit chercher la felicité, & s'il veut être veritablement heureus, il doit emploïer les biens qu'il a reçûs de Dieu, pour executer les ordres de fa providence.

Il ne lui sufit pas d'étre élevé aus premiers degrés d'vne Republique ; mais
il doit en cét état imiter Dieu , qui
commande fans paffion pour le bien de
fes créatures.

Enfin celui qui tâche d'augmenter les
biens qu'il poffede , pour étre eftimé
des hommes , n'eft pas veritablement
heureus. Mais cette perfection convient à celui qui pratique l'humilité.
Car comme l'amitié qui eft entre les in-
égaus fe conferve par l'inégalité, l'humilité eft la veritable marque de l'a-
mour que nous devons porter à Dieu.

Celui qui ayme Dieu defire de s'vnir
à cét objet infini & ce mouvement le
met en état d'arriver à la jouïffance de
fa gloire.

Si nous voulons prouver clairement
que la felicité que les Chrétiens peuvent obtenir en cette vie , étant vn
moïen qui les conduit à celle de l'autre
vie , confifte effentielement dans l'a-
mour de Dieu , nous devons avoir quelque connoiffance du bon-heur dont ils
joüiront en l'autre vie. Car comme les
moïens doivent étre proportionés à la

G

fin qu'ils regardent, nous devons connoître la nature de nôtre derniere fin,
pour juger des moïens que nous devons pratiquer pour y arriver.

Lors que nous ferons arrivés à nôtre
derniere fin, nos defirs feront entierement bornés & comme ils ne peuvent
étre entierement bornés que par la poffeffion d'vn bien vniverfel ; il eft tres
certain que nous ne pouvons trouver
nôtre derniere felicité que dans la' poffeffion de Dieu.

Nous poffederons Dieu en l'autre vie
par la contemplation de fon effence.

Quand nous poffederons Dieu par
nôtre entendement, nous en joüirons
par nôtre volonté.

La joüiffance de Dieu eft vn parfait
repos que nous n'avons pas de nôtre
nature.

Puis que la joüiffance de Dieu eft vn
parfait repos que nous n'avons pas de
nôtre nature, elle dépend du mouvement qui nous y peut conduire.

Le defir que nous devons avoir de
nous vnir à Dieu eft le veritable mouvement que nous devons metre en vfa-

ge pour arriver à la joüiſſance de ſa gloire.

Comme le mouvement qui nous porte à quelque choſe ſupoſe l'inclination que nous avons pour elle, le deſir que nous avons de nous vnir à Dieu ſupoſe l'amour que ſa bonté fait naître dans nos ames.

La ſuite des propoſitions precedantes prouve clairement que la felicité que les Chrétiens peuvent obtenir en cette vie, étant vn moïen qui les conduit à celle de l'autre vie, conſiſte eſſentielement dans l'amour de Dieu.

Si la premiere partie de la Philoſophie Morale eſt vtile aus femmes pour leur aprendre que Dieu doit étre le dernier terme de leurs deſirs & que l'amour qu'elles doivent avoir pour lui eſt le veritable moïen qu'elles doivent pratiquer pour en meriter la poſſeſſion, elles pourront recevoir de grans avantages de la ſeconde partie de la méme Science, qui leur découvrira la ſageſſe de Dieu dans l'ordre des lois qu'il a donnnées à ſes creatures raiſonnables, pour leur faire meriter la vie éternele.

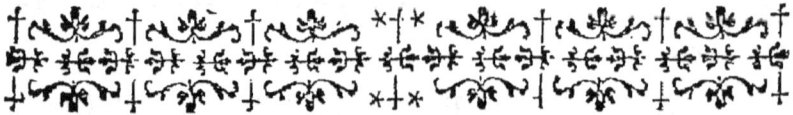

Des avantages que les femmes peuvent
recevoir de la seconde partie de
la Philosophie Morale.

CHAPITRE III.

S I nous voulons montrer clairement que les femmes doivent aussi bien que les hommes s'apliquer à l'étude de la seconde partie de la Philosophie Morale, nous devons sçavoir que nous y devons examiner les principes des actions humaines, & le principe des suites qui les acompagnent.

Les principes des actions humaines sont ou hors de nous, ou en nous.

Il est certain que Dieu, qui est hors de de nous, est la premiere & la principale source de nos actions, c'est pourquoi nous pouvons discourir de Dieu dans la seconde partie de la Philosophie Morale.

Il est vrai que la contemblarion de la sagesse, de la bonté, de la puissance & des autres atribus de la divinité apartient à la Theologie naturele, qui est la derniere partie la Philosophie. Mais comme nous pouvons considerer Dieu dans la seconde partie de la Philosophie Morale, entant qu'il est vn principe de nos actions, nous y devons examiner ce qu'il fait pour les conduire.

Dieu nous instruit & nous ayde pour conduire nos actions.

Il nous instruit par la loi, & il nous ayde par la grace ; nous devons donc parler de la loi & de la grace dans la seconde partie de la Philosophie Morale.

L'entendement la volonté & l'apétit sensüel sont les propres causes qui produisent nos actions.

Le volontaire est le principe de la loüange & du blâme, qui sont les suites des actions humaines, à l'égard de la puissance de celui qui les produit.

Enfin comme l'explication des oposés doit étre faite dans vne méme science, le traité de l'involontaire apartient aussi bien que celui du volontaire à la feconde partie de la Philofophie Morale.

Comme les femmes doivent auffi bien que les hommes fuivre les lois que Dieu a données à fes créatures raifonnables pour les conduire à la joüiffance de fa gloire, il leur eft vtile de fçavoir que les lois doivent étre reduites à cinq, qui font la loi éternele, la naturele, l'humaine, la loi de l'ancien Teftament & celle de l'Evangile.

La premiere de toutes les lois n'eft autre chofe que la raifon divine, entant qu'elle raporte toutes chofes à leur fin.

Cette loi, qui eft éternele eft l'idée de toutes les lois que les hommes doivent établir pour en executer les ordres. Mais comme il leur eft impoffible de la connoître par elle méme, ils en doivent avoir quelque connoiffance par fon portrait, fçavoir par la loi naturele, qui eft vne lumiere qui leur découvre le bien qu'ils doivent pourfuivre & le mal qu'ils doivent éviter.

Les preceptes généraus de la loi naturele peuvent étre la fource de plufieurs difpofitions particulieres que les hommes peuvent inventer par l'industrie de leur raison & qui peuvent recevoir le nom de loi, lors qu'elles sont acompagnées des conditions qui aparrienent à la loi.

Comme les lois humaines, qui ont pour fin le repos des Republiques, ne commandent que les vertus qui sont nécessaires pour leur conservation, qu'elles defendent seulement les crimes qui peuvent détruire l'vnion des citoïens qui les composent & qu'elles n'ont pas la puissance de nous élever à nôtre derniere fin, Dieu a fait parétre sa sagesse & sa bonté, en nous donnant vne autre loi pour nous y conduire.

La loi de l'ancien Testament a commencé de regler les mouvemens interieurs de nôtre ame & celle de l'Evangile les regle tres-parfaitement.

Les preceptes de la loi anciene regardent, ou les mœurs, ou les cérémonies, ou les jugemens.

Les cérémonies de la loi anciene étoient vne figure de la loi de l'Evangile; c'est pourquoi elles ne doivent plus être observées. G iiij

Il eſt auſſi tres-certain que les preceptes qui devoient regler les jugemens que les hommes devoient faire de la loi anciene n'ont plus da'uthorité pour nous obliger à les ſuivre. Mais nous devons pratiquer les preceptes moraus de cette loi, entant qu'ils ſont fondés ſur la loi naturele, que nous devons toûjours ſuivre.

Tous les preceptes moraus de la loi anciene ſont en quelque façon contenus dans les dix Commandemens de Dieu, car ceus qui ſont tres généraus & qui ſont connus de tous les hommes s'y rencontrent comme les principes de connoiſſance ſont contenus dans les concluſions qui n'en ſont pas beaucoup éloignées, & ceus qui apartienent à la connoiſſance des ſages y doivent étre reduis comme les concluſions des Sciences doivent étre raportées aus principes qui les produiſent.

Comme l'ordre eſt vne preuve tres-évidente de la ſageſſe, nous devons admirer celle de Dieu dans l'ordre de ſes dix Commandemens & ſi nous voulons avoir vne claire connoiſſance de la diſtinction qui s'y rencontre, nous devons considerer qu'il n'y en a que deus qui soient afirmatifs qui sont le troisiéme & le quatriéme, c'est pourquoi nous devons les exprimer en la maniere suivante.

Le premier Commandement de Dieu nous defend d'avoir d'autres Dieus que lui.

Le second nous defend de prendre son nom en vain.

Le troisiéme nous commande de sanctifier le jour du repos.

Le quatriéme nous commande d'honorer ceus qui nous ont donné la vie.

Le cinquiéme nous defend l'homicide.

Le sixiéme nous defend l'adultere.

Le sétiéme nous defend le larcin.

Le huitiéme nous defend le faux témoignage.

Le neuviéme nous defend de convoiter les biens de nôtre prochain.

Enfin le dixiéme nous defend d'en convoiter la femme.

On pourra dire que les femmes Chrétienes n'ont pas besoin de Philosophie

pour avoir la connoiſſance des dix Commandemens de Dieu, puis qu'elles les
aprenent dans leur jeuneſſe, Mais la
Philoſophie Morale leur découvrira la
ſageſſe de Dieu dans le nombre & dans
l'ordre de ſes dix Commandemens, qui
nous réglent, ou à l'égard de Dieu, ou
à l'égard de nôtre prochain.

Il y en a trois qui nous réglent à l'é-
gard de Dieu, & ce nombre eſt vne preuve tres-évidente de ſa ſageſſe, car la
fidelité que nous devons garder à
Dieu nous défend d'avoir d'autres Dieus
que lui; la reverence que nous devons
lui porter nous defend de prendre ſon
nom en vain & le ſervice que nous devons lui rendre nous oblige à ſanctifier
le jour du repos.

Pour découvrir le nombre & l'ordre
des Commandemens qui nous réglent
à l'égard de nôtre prochain, il faut
conſiderer qu'ils regardent, ou ceus qui
nous ont donné la vie, que nous devons honorer, pour obeïr au quatriéme Commandement de Dieu, ou toutes ſortes de perſonnes.

Pour avoir vne claire connoiſſance de

l'ordre des six derniers Commandemens de Dieu, il faut sçavoir que nous pouvons nous éloigner de l'ordre que nous devons garder à l'égard de nôtre prochain, ou par quelque action exterieure, ou par parole, ou par le déréglement de nos concupiscences.

Nous pouvons nous éloigner de l'ordre que nous devons garder à l'égard de nôtre prochain, par quelque action exterieure, en l'ataquant, ou en sa propre personne pour lui ôter la vie, ou dans vne personne qui lui est vnie par le mariage, ou dans les biens de la fortune.

La premiere de ces trois actions nous est defenduë par le cinquiéme Commandement, la seconde nous est défenduë par le sixiéme & si nous voulons obeïr au sétiéme Commandement de Dieu, nous devons éviter le larcin.

Le faux témoignage que nous pouvons dire contre nôtre prochain nous est défendu par le huitiéme Commandement.

Enfin les deus derniers Commandemens de Dieu nous enseignent que nous ne devons pas convoiter les biens, ni la femme de nôtre prochain.

Les libertins pourroient faire plufieurs dificultés pour combatre l'ordre des dix Commandemens de Dieu ; mais nous y verrons reluïre admirablement fa fageffe, fi nous confiderons qu'ils doivent être difpofés felon l'ordre de la grandeur des pechés.

Ce principe prouve que les Commandemens qui réglent l'homme à l'égard de Dieu doivent preceder ceus qui le réglent à l'égard de fon prochain, parce que l'homme feroit plus coupable de manquer contre Dieu, qui doit être la derniere fin de fes actions, que de manquer contre fon prochain.

Le méme principe nous fait connoître que l'ordre des trois premiers Commandemens de Dieu eft admirable. Car puis qu'ils doivent être difpofés felon l'ordre de la grandeur des pechés, le Commandement qui nous défend de rendre à quelque créature l'honneur qui n'apartient qu'au premier principe de fon être doit preceder celui qui nous défend de prendre en vain le nom de Dieu, & ce second Commandement doit preceder le troisiéme, qui nous ordonne de sanctifier le jour du repos : car l'homme est plus coupable de s'éloigner de la fidelité qu'il doit garder à Dieu, que de manquer contre la réverence qu'il doit lui porter & le crime qu'il commet contre la réverence qu'il doit porter à Dieu est plus grand que celui qui l'empéche de lui rendre service.

Le méme principe nous aprend, que le quatriéme Commandement, qui régle l'homme à l'égard de ceus qui lui ont donné l'étre, doit preceder les six derniers Commandemens de Dieu, qui réglent l'homme à l'égard de toutes sortes de personnes, parce que l'homme est plus coupable de s'éloigner de son devoir à l'égard de ceus qui lui ont donné la vie, que de manquer à l'égard des personnes qui lui sont indiferantes.

L'ordre des six derniers Commandemens, qui réglent l'homme à l'égard de toutes sortes de personnes, est encore vne preuve tres-évidente de la sa-

geſſe de Dieu. Car puis que l'homme
ſeroit plus coupable de manquer par
quelque action exterieure que par parole, & qu'il ſeroit plus coupable de
manquer par parole que d'être déreglé dans ſes concupiſcences, les trois
Commandemens qui lui défendent le
déreglement dans ſes actions exterieures doivent preceder le huitiéme, qui
lui défend le faux témoignage qu'il peut
dire contre ſon prochain & ce huitiéme
Commandement doit preceder les deus
derniers, qui lui défendent d'être déreglé dans ſes concupiſcences,

Enfin l'ordre des trois Commandemens qui nous défendent le déreglement dans nos actions exterieures eſt
admirable. Car comme nous ſommes
plus coupables d'ataquer nôtre prochain
en ſa propre perſonne pour lui ôter la
la vie que dans vne perſonne qui lui eſt
vnie par le mariage, & que nous ſommes plus coupables de l'ataquer dans
vne perſonne qui lui eſt vnie par le
mariage que dans les biens de la fortune, le cinquiéme Commandement, qui
nous défend l'homicide doit preceder le

sixiéme, qui nous défend l'adultere &
ce sixiéme Commandement doit preceder le sétiéme, qui nous défend le larcin.

Il est tres-évident que l'abregé que
nous venons de faire des dix Commandemens de Dieu peut étre vtile aus femmes, pour leur faire admirer la sagesse
& la bonté du premier principe de leur
étre & de leur conduite. Mais elles
pourront recevoir de grans avantages
des discours que nous avons tirés du
Docteur Angelique & que nous avons
fais amplement dans la seconde partie
de la Philosophie Morale & dans les
Fondemens de la Religion Chrétiene,
pour faire admirer la sagesse de Dieu
dans le nombre de ses Commandemens, dans leur ordre, dans les choses
qu'ils nous prescrivent & dans toutes
les paroles dont Dieu s'est servi pour
les exprimer.

Comme les femmes doivent aussi
bien que les hommes suivre la loi de
l'Evangile, la Morale Chrétiene leur
est tres vtile pour leur aprendre que la
loi de l'Evangile régle tres parfaite-

ment la vie des Chrétiens, en leur dé-
couvrant les actions qu'ils doivent faire
pour être heureus & les chofes qui ne
doivent pas être la fin de leurs actions.

Nous devons entendre par les beatitudes dont il eft parlé au cinquiéme chapitre de Saint Mathieu, les actions que
nous devons faire pour être heureus.
Car puis que la felicité peut être prife,
ou pour l'objet qui doit être le dernier
terme de nos defirs, ou pour l'action
qui nous y conduit, ou qui nous en
donne la poffeffion, on void clairement que nous devons entendre par les
beatitudes dont il eft parlé au cinquiéme chapitre de S. Mathieu, les actions
que nous devons pratiquer pour être
élevés à la contemplation de l'effence
divine,

Comme la felicité de l'autre vie eft
la perfection de l'ame & du corps, &
que le merite doit avoir du raport avec
la recompenfe, les actions que nous devons pratiquer en cette vie pour meriter la joüiffance de Dieu apartienent,
ou à l'ame, ou au corps.

Pour fçavoir ce qu'il faut faire à l'é-
gard

gard de l'ame pour meriter la joüiſſance de Dieu, il faut ſupoſer que la vie
eſt, ou voluptueuſe, ou active, ou contemplative, & il faut examiner le raport que ces trois vies peuvent avoir
avec nôtre derniere felicité, qui conſiſte dans la poſſeſſion de Dieu.

La vie voluptueuſe, qui s'éloigne de
la raiſon, nous empéche d'aquerir la felicité de l'autre vie, l'active nous y conduit & la contemplative étant parfaite
établit l'eſſence de nôtre derniere felicité.

Puis que la vie voluptueuſe nous éloigne de la joüiſſance de Dieu, nos premieres actions lui doivent étre opo-
ſées.

Si nous voulons faire des actions opo-
ſées à la vie voluptueuſe, nous devons
ſçavoir ce qu'elle regarde, pour éviter
les defaus qui l'acompagnent & ce que
font ceus qui la ſuivent, pour faire le
contraire.

La vie voluptueuſe regarde l'abondance des biens exterieurs, dont le deſir, qui peut étre la ſource de pluſieurs
maus, peut étre moderé par quelques
H

vertus morales , comme la liberalité
régle le defir des richeffes.

Comme les vertus morales ne font
pas fufifantes pour nous faire meriter
la poffeffion du fouverain bien, nous
devons atendre cét avantage des qualités furnatureles que Dieu imprime
dans nos ames pour nous élever à la
joüiffance de fa gloire, c'eft pourquoi
nous ne devons pas feulement moderer
le defir des richeffes , mais nous devons
les méprifer entierement, par vn don
du Saint Efprit, fçavoir par la crainte
d'ofenfer Dieu , qui nous affujetit à lui
& qui nous empéche de chercher de
l'eftime par l'éclat des biens de la fortune , d'où vient qu'il eft dit au cinquiéme chapitre de Saint Mathieu , que
ceus qui font pauvres en efprit font
heureus , c'eft à dire , que ceus qui
craignent Dieu, qui ne fe laiffent point
ébloüir par l'éclat des richeffes pratiquent vne action qui peut les conduire
à la vie éternele.

Ceus qui fuivent la vie voluptueu-
fe obeïffent à quelque paffion de l'a-
pétit , ou concupifcible, ou irafcible.

Quand ils obeïſſent à quelque paſſion de l'apétit concupiſcible, ils cherchent le plaiſir, qui trompe celui qui le pourſuit, entant qu'il obſcurcit la lumiere de ſa raiſon, qu'il le conduit par degrés à la haine de Dieu & qu'il le met en peril de revoquer en doute ſon exiſtence.

Puis que le plaiſir peut être la ſource de pluſieurs maus nous avons beſoin d'vne vertu morale pour le moderer & nous ſommes redevables de cét avantage à la temperance. Mais celui qui craint Dieu tend à vne plus grande perfection, car ce don du Saint Eſprit le diſpoſe à renoncer entierement au plaiſir s'il eſt néceſſaire, & méme à ſuporter volontairement la douleur qui lui eſt opoſée, c'eſt pourquoi nous devons aſſûrer avec Saint Mathieu, que ceus qui pleurent ſont heureus, c'eſt à dire, que ceus qui reçoivent volontairement la douleur, qui eſt opoſée au plaiſir que les voluptueus cherchent, ſont agréables à Dieu.

Les voluptueus obeïſſent à vne paſſion de l'apétit iraſcible, lors qu'ils

fuivent le mouvement de la colere.
Comme cette paſſion empéche leur raifon de faire ſa fonction , ils doivent
tâcher d'aquerir la manſuetude pour ſo-
poſer à ſa violence.

Celui qui a reçû du Saint Eſprit le don
de force tend à vne plus grande perfection, c'eſt à dire , qu'il ne ſe contente
pas de moderer ſa colere , mais qu'il
peut étre ofencé ſans étre aucunement
agité de ce mouvement. Saint Mathieu nous enſeigne cette verité, quand
il aſſûre que ceus qui ſont dous ſont
heureus.

La vie active, qui nous conduit à la
felicité de l'autre vie , regarde principalement ce que nous devons faire pour
nôtre prochain , ou en lui rendant ce
qui lui apartient , ou en lui donnant
quelque choſe.

Nous pouvons pratiquer la premiere
de ces actions par la juſtice. Mais le
don du Saint Eſprit qui répond à cette
vertu nous conduit à vne plus grande
perfection, entant qu'il excite en nôtre ame vn deſir tres-ardent de rendre
à autrui ce qui lui apartient, d'où vient

qu'il eſt dit au cinquiéme chapitre de Saint Mathieu que ceus qui ſont afa-més & alterés de la juſtice ſont heu-reus, c'eſt à dire, que ceus qui ont vn deſir tres ardent de pratiquer la juſtice meritent par cette action la poſſeſſion du ſouverain bien.

La liberalité nous incite à diſtribuer aus autres les biens que nous poſſe-dons. Mais la pieté nous oblige à n'a-voir égard qu'à la neceſſité, lors que nous donnons quelque choſe, c'eſt à dire, que ce don du Saint Eſprit nous fait avoir compaſſion de ceus qui ſont miſerables : Saint Mathieu nous enſei-gne que ceus qui pratiquent cette action ſont heureus, c'eſt à dire, que ceus qui ſoulagent les pauvres dans leur miſere pour ſuivre les ordres de Dieu peuvent eſperer de lui étre parfaitement vnis en l'autre vie, par la contemplation de ſon eſſence.

La vie active nous diſpoſe à la par-faite contemplation de Dieu, par le moïen des vertus & des dons du Saint Eſprit, qui perfectionnent l'homme, ou à l'égard de lui méme, & en cette

façon l'effet de la vie active est de s'o-
poser au dérèglement des passions, ou
à l'égard de son prochain & en cette
maniere la paix est l'effet de la vie active.

Si nous voulons obtenir la felicité de
l'autre vie, qui est la perfection de l'a-
me & du corps, nous ne devons pas
seulement nous aquiter de nôtre devoir
à l'égard de nôtre ame, nôtre corps
doit aussi soufrir quelque chose pour
Dieu, d'où vient que ceus qui soufrent
la persecution des Tyrans pour défendre la cause de Dieu & pour faire relüire sa puissance font en quelque façon heureus en ce monde, entant qu'ils
esperent de posseder Dieu en l'autre
vie.

Si le cinquiéme chapitre de Saint Mathieu, qui nous donne la connoissance
des actions que nous devons faire pour
être heureus est admirable & tres-vtile
pour régler nôtre vie, nous pouvons
tirer de grans avantages du sixiéme, qui
nous découvre principalement les choses qui ne doivent pas être la fin de nos
actions, qui nous enseigne qu'elles sont

les actions que nous ne devons pas faire par vanité & qui régle entierement
les prieres que nous devons faire à
Dieu.

Comme nos actions ne peuvent étre
bonnes qu'elles ne foient faites pour
vne bonne fin, Saint Mathieu aïant
difpofé par ordre celles que nous devons faire pour étre heureus combat
le déréglement de ceus qui les pratiquent pour en tirer de la gloire, ou
pour obtenir l'abondance des richeffes, & comme l'aumône, la priere &
le jeufne font, les trois actions que les
hypocrites metent ordinairement en
vfage pour étre eftimés des hommes,
il condamne ceus qui les pratiquent
pour en tirer de la gloire.

Enfin I E S V S-C H R I S T nous découvre au fixiéme chapitre de Saint Mathieu les chofes que nous lui devons
demander & l'ordre que nous devons
garder dans nos prieres par les paroles
fuivantes.

Nôtre Pere qui étes dans les Cieus,
faites que vôtre nom foit fanctifié.

Que vôtre Royaume nous arrive.

Que vôtre volonté foit faite en la terre comme dans le Ciel.

Donnés nous aujourd'hui le pain dont
nous avons befoin châque jour, & nous
pardonnés nos ofenfes comme nous faifons à ceus qui nous ont ofenfés.

Ne nous laiffés point fucomber à la
tentation, mais délivrés nous du mal.

Les femmes qui font ordinairement
cette priere pourront découvrir les merveilles qu'elle contient, par le moïen
de la Philofophie Morale.

La premier chofe que nous y devons
examiner eft de fçavoir pourquoi Dieu
veut que nous l'apelions nôtre Pere &
que nous affûrions qu'il eft dans le Ciel.

Il eft certain que l'amour que Dieu
nous porte precede l'inclination que
nous devons avoir pour lui, c'eft pourquoi nous ne voulons pas l'inciter à
nous aymer, lors que nous lui donnons le nom de Pere & que nous affûrons qu'il eft dans le Ciel. Mais il nous
prefcrit l'vfage de ces paroles pour exciter en nôtre ame la confiance qui
doit acompagner les prieres que nous
lui devons faire.

Il veut que nous lui donnions le nom de Pere, pour nous faire connoître la bonté qu'il a pour nous, & il veut que nous affûrions qu'il eft dans le Ciel, pour nous découvrir la puiffance qu'il a de nous faire du bien.

Comme nous devons nous éloigner du mal pour fuivre le bien, il femble que la cinquiéme priere que nous faifons à Dieu d'être délivrés de nôtre peché devoit preceder la feconde que nous lui faifons d'être élevés à la joüiffance de fa gloire.

Pour répondre à cette dificulté, il faut fçavoir que la fin precede les moïens qui font néceffaires pour y arriver, felon l'ordre de l'intention, & que les moïens precedent la fin, felon l'ordre de l'execution, comme la fanté precede le remede qui la procure, felon l'intention du malade; mais le remede precede la fanté, felon l'ordre de l'execution.

Celui qui fçait que la priere eft l'interprete du defir juge facilement que les prieres que nous devons faire à Dieu doivent être difpofées felon l'ordre de nos defirs.

I

Le defir qui regarde la fin precede celui des moïens qui font néceffaires pour y arriver, c'eft pourquoi la priere que nous faifons à Dieu d'etre élevés à la joüiffance de fa gloire doit preceder celle que nous lui faifons d'étre délivrés de nôtre pechè.

Pour découvrir l'ordre des fept prieres que nous devons faire à Dieu & pour donner le moïen de répondre aus dificultés qu'on y peut faire, il faut fçavoir que la priere eft l'interprete du defir, & que le defir doit étre réglé par l'amour.

Puis que la priere eft l'interprete du defir, les fept prieres que nous devons faire à Dieu doivent étre difpofées felon l'ordre de nos defirs.

Nos defirs doivent tendre premierement à nôtre derniere fin, & en fuite aus moïens qui nous y peuvent conduire.

Dieu eft la derniere fin de nos actions.

L'amour que nous devons avoir pour lui nous oblige à defirer que fa gloire foit connuë, & c'eft la premiere priere que nous lui devons faire.

Comme nous voions la lumiere & la couleur par vne méme action, nous aymons auſſi Dieu & nôtre prochain par vne méme action.

L'amour que nous devons avoir pour nôtre prochain nous oblige à deſirer qu'il ſoit vni avec nous dans la participation du ſouverain bien, & c'eſt la ſeconde priere que nous devons faire à Dieu.

Le merite qui nous conduit directement à la poſſeſſion du ſouverain bien, acompagne nos actions, lors que nous obeiſſons à la volonté de Dieu, d'où vient que nous lui demandons la grace de la pouvoir acomplir, par la troiſiéme priere que nous lui faiſons.

Comme nous devons étre conſervés pour faire la volonté de Dieu, nous avons beſoin des choſes qui ſont néceſſaires pour la conſervation de nôtre vie.

Ces choſes ſont repreſentées par le pain, qui doit étre l'objet de la quatriéme priere que nous devons faire à Dieu.

Il y a des moïens qui nous conduiſent à Dieu par accidant, par l'éloi-

gnement des chofes qui nous empê-
chent d'y arriver , qui font le peché,
la tentation par laquelle nous pouvons
être vaincus & le mal qui combat nôtre vie.

Puis que le peché , qui eft contre la
gloire de Dieu , nous rend incapables
d'en obtenir la poffeffion ; que la tentation par laquelle nous pouvons être
vaincus peut nous empêcher de faire
la volonté de Dieu & que le mal combat nôtre vie , nous devons demander
d'être délivrés de ces trois chofes, par
les trois dernieres prieres que nous devons faire à Dieu.

Les femmes doivent avoir auffi bien
que les hommes quelque connoiffance
des principes que nous avons reçûs de
la nature pour faire de bonnes actions
morales, car elles doivent fçavoir que
la vertu fe forme dans nos ames , lors
que nous fommes conduis par la lumiere de nôtre raifon , que nous fui-
vons l'inclination de nôtre volonté, qui
nous porte au bien qui eft proportioné
à fa nature & que nôtre apétit fenfüel
fuit les ordres de ces deus facultés , qui

nons séparent de la condition des bestes.

Enfin la connoissance du volontaire & de l'involontaire, qui sont les deus dernieres choses qui doivent étre expliquées dans la seconde partie de la Philosophie Morale, est vtile aus femmes, car le volontaire rend les actions loüables ou blâmables, & l'involontaire les rend dignes de pardon, lors qu'ells sont mauvaises.

Des avantages que les femmes peuvent recevoir de la trosiéme partie de la Philosophie Morale.

CHAPITRE IV.

C OMME l'entendement, la volonté & l'apétit sensüel sont les principes qui produisent les actions humaines, nous devons discourir dans la troisiéme partie de la Philofophie Morale des actions qui vienent de ces trois facultés. Mais comme nous devons, décendre des chofes générales aus particulieres & que nous devons changer d’ordre felon la diverfité des lieux où les chofes doivent étre examinées, l’explication des actions de l’apétit fenfüel doit preceder celle des actions de l’entendement & de la volonté, car les paffions fimples, qui fe forment dans l’apétit fenfüel nous font communes avec les beftes ; mais les actions de l’entendement & de la volonté nous relevent au deffus de leur nature.

Les femmes doivent moderer leurs paffions auffi bien que les hommes ; il eft donc tres-certain qu’elles en doivent avoir quelque connoiffance.

Le vulgaire croit que le nombre des paffions eft infini. Mais les Philofophes foûtienent ordinairement que toutes les paffions fimples, qui fe forment dans la partie inferieure de l’ame peuvent étre reduites à onze, qui font l’amour, le defir, le plaifir, la haine, la fuite, la douleur, l’efperance le defefpoir, la crainte, la hardieſſe & la colere.

Pour bien établir ce nombre des paſſions ſimples, il faut ſçavoir qu'elles ont
pour objet le bien, ou le mal ſenſible,
ou abſolument, ou entant qu'ils ſont
acompagnés de dificultés. Les premieres apartienent à l'apétit concupiſcible,
& les auttes apartienent à celui que les
Philoſophes apelent iraſcible.

Comme la connoiſſance des choſes
qui ſont indiferantes ne peut exciter aucune paſſion dans l'apétit, celles qui
ſe forment dans l'apétit concupiſcible
vienent ſans doute de la connoiſſance,
ou du bien, ou mal ſenſible.

Il y a trois paſſions à l'égard du bien
ſenſible, qui ſont l'amour, le deſir &
le plaiſir, car il y a autant de paſſions
dans l'apétit concupiſcible à l'égard du
bien ſenſible qu'il y a de façons de le
connoître.

Nous le pouvons connoître en trois
façons, car nous le pouvons connoître,
ou en qualité de bien, c'eſt à dire, ſoit
que nous le poſſedions ſoit que nous ne
le poſſedions pas, ou entant qu'il eſt
abſent, c'eſt à dire, entant que nous

ne le poſſedons pas, ou entant qu'il eſt preſent, c'eſt à dire, entant que nous le poſſedons.

Quand nous le connoiſſons en qualité de bien, nous l'aymons, s'il eſt abſent, nous le deſirons & ſa preſence fait naître le plaiſir dans l'apétit concupiſcible, c'eſt pourquoi il y a trois paſſions dans cét apétit à l'égard du bien ſenſible, qui ſont l'amour, le deſir & le plaiſir.

Il y en a auſſi trois à l'égard du mal ſenſible, qui ſont la haine, la fuite & la douleur, car le nombre des paſſions de l'apétit concupiſcible qui regardent le mal ſenſible doit répondre à celui des connoiſſances que nous en pouvons avoir.

Nous le pouvons connoître en trois façons, car nous le pouvons connoître, ou en qualiré de mal, ou entant qu'il eſt abſent, ou entant qu'il eſt preſent.

Quand nous le connoiſſons en qualité de mal, nous le haïſſons, s'il eſt abſent, nous le fuïons & ſa preſence excite la douleur dans l'apétit concupiſcible ; il y a donc ſix paſſions dans cét apé-

tit, qui font l'amour, le defir, le plaifir, la haine, la fuite & la douleur. Mais
il n'y en a que cinq dans l'apétit irafcible, fçavoir l'efperance, le defefpoir,
la crainte, la hardieffe & la colere.

Les deus premieres regardent le bien
fenfible.

Pour fçavoir qu'il n'y a que deus paffions dans l'apétit irafcible, à l'égard du
bien fenfible, il faut confiderer que nous
pouvons connoître le bien fenfible, ou
en qualité de bien, ou entant qu'il eft
abfent, ou entant qu'il eft prefent &
que les paffions de l'apétit irafcible regardent le bien & le mal fenfible, entant
qu'ils font environnés de dificultés.

Il eft tres-évident que les paffions de
cét apétit qui ont pour objet le bien le
regardent feulement, entant qu'il eft
abfent, car le bien que nous poffedons
n'eft pas dificile à pourfuivre, & il faut
faire le même jugement du bien fenfible en qualitéde bien.

Il y a deus paffions dans l'apétit irafcible, à l'égard du bien abfent, qui font
l'efperance & le defefpoir, car ou nous
croïons que nous pourrons vaincre les

dificultés qui environnent le bien que nous defirons, ou nous croïons qu'il nous eft impoffible de les pouvoir furmonter. La premiere de ces connoiffances fait naître l'efperance, & la feconde produit le defefpoir dans l'apétit irafcible.

Il y a trois paffions dans cét apétit, à l'égard du mal fenfible, qui font la crainte, la hardieffe & la colere.

Pour avoir vne claire connoiffance de cette verité, il faut fçavoir que nous pouvons connoître le mal fenfible, ou en qualité de mal, ou entant qu'il eft abfent, ou entant qu'il eft prefent.

Il eft tres-évident qu'il n'y a point de paffion dans l'apétit irafcible, à l'égard du mal fenfible en qualité de mal, car cét apétit regarde le mal fenfible, entant qu'il eft environné de dificultés, & le mal fenfible en qualité de mal n'eft point dificile à éviter.

Il y a deus paffions dans l'apétit irafcible, à l'égard du mal fenfible abfent, qui font la crainte & la hardieffe, car ou nous croïons que les perils qui l'environnent foient au deffus de nôtre puiſſance, ou nous croïons que nous les pourrons ſurmonter. La premiere de ces connoiſſances excite la crainte dans l'apétit iraſcible, & la ſeconde y fait naître la hardieſſe, qui nous porte au mal, entant que nous croïons que nous pourrons vaincre les perils qui l'acompagnent.

Enfin il y a vne paſſion dans l'pétit iraſcible, à l'égard du mal preſent, qui eſt la colere.

Il eſt vrai qu'il n'y a point de paſſion dans l'apétit iraſcible, à l'égard du bien preſent; mais il y en a vne qui regarde le mal preſent, car l'apétit iraſcible regarde le bien & le mal ſenſibble, entant qu'ils ſont environnés de dificultés. Le bien preſent n'eſt point dificile à pourſuivre; mais le mal preſent eſt dificile à ſuporter, c'eſt pourquoi il n'y a point de paſſion dans l'apétit iraſcible, à l'égard du bien preſent; mais il y en a vne qui regarde le mal preſent, ſçavoir la colere, qui nous oblige à repouſſer l'injuſtice qui nous a été faite.

La Philoſophie Morale eſt encore vtile aus femmes pour leur aprendre que la

jaloufie, la honte, la compaffion, l'é-
mulation, l'indignation & l'envie font
des paffions compofées de quelques paffions fimples.

Pour les connoître clairement, il faut
fçavoir qu'elles fe forment en nôtre
ame, ou par la connoiffance des chofes
qui nous regardent, ou par la connoiffance de celles qui regardent les autres,
comme la compaffion que nous pouvons
avoir de leur mifere.

Les premieres font fondées, ou fur
les biens que nous aymons, fçavoir la
jaloufie, ou fur les maus qui nous arrivent, fçavoir la honte.

La jaloufie eft compofée d'amour,
de crainte & de douleur, car celui qui
en eft ataqué foufre beaucoup de douleur parce qu'il craint de n'étre pas ay-
mé de la perfonne qu'il ayme.

Pour acorder les opinions de ceus qui
demandent fi la jaloufie eft vne marque
d'amour, il faut dire qu'elle en eft vne
marque de la même façon que la maladie eft vn figne de la vie, car celui qui
eft malade eft encore vivant; mais s'il
ne s'opofe pas à la maladie qui l'ata-

que, elle poura détruire sa vie. Il est aussi tres certain que celui qui a de la jalousie ayme la personne qui lui donne de l'inquietude, car si elle lui étoit indiferante, il ne seroit pas agité de la passion qui trouble son repos ; mais la durée de sa jalousie pourra changer son amour en fureur.

La douleur que l'on a d'avoir fait quelque chose contre l'honéteté & la crainte du mépris sont les deus passions simples qui composent la honte.

Cette passion, qui ne convient point aus vieillars, ne se forme pas dans le cœur des méchans, ni dans celui des gens de bien, puis qu'elle vient de la crainte du mal qui peut détruire l'honneur.

Pour avoir vne claire connoissance de cette verité, il faut sçavoir que nous ne craignons pas vn mal, ou quand nous ne le metons pas du nombre des maus, ou quand nous ne croïons pas qu'il soit dificile à éviter.

Cette proposition prouve que la honte ne se forme pas dans l'ame des hommes, ou quand ils ne metent pas du nombre des maus les choses qui doivent exciter cette passion, ou quand ils ne croïent pas qu'elles soient dificiles à éviter.

Selon la premiere consideration, les méchans, qui se glorifient des crimes qu'ils commetent, ne sont pas sujés à la honte, & selon la seconde, elle ne convient pas aus vieillars, ni à ceus qui sont recommandables par leur vertu.

Les passions composées qui se forment en nôtre ame par la connoissance des choses qui regardent les autres vienent de la connoissance, ou des maus qui leur arrivent, sçavoir la compassion, ou des biens qui les font honorer, qui peuvent exciter la douler dans nôtre ame, ou à cause que nous ne les possedons pas, d'où vient l'émulation, ou parce qu'ils sont possedés, ou par ceus qui en sont indignes, d'où vient l'indignation, ou par nos semblables, d'où naît l'envie.

La douleur que la misere des gens de bien fais naître dans nôtre ame & la crainte que nous avons de tomber dans le mal qui les ataque font les paffions fimples qui compofent la compaffion.

L'émulation eft compofée de la douleur que nous avons d'étre privés d'vn bien qui fait honorer ceus qui le poffedent & du defir de l'aquerir.

L'indignation eft ordinairement compofée de deus douleurs & de deus defirs, car nous pouvons avoir de la douleur de n'avoir pas quelque bien, & de ce qu'il eft poffedé par ceus qui en font indignes. La premiere de ces douleurs eft acompagnée du defir d'aquerir le bien que nous n'avons pas & la feconde eft ordinairement acompagnée du defir de le ravir à celui qui le poffede injuftement.

Enfin fi nous volons fçavoir de quelles paffions fimples l'envie eft compofée, nous devons confiderer, ou que nous avons le bien qui arrive à nôtre femblable, ou que nous en fommes privés.

Si nous avons le bien qui arrive à nôtre femblable, l'envie qui nous ataque eft ordinairement compofée de trois paffions, fçavoir de la douleur, de la

cainte & du defir , car nous pouvons
avoir de la douleur, lors que nous confiderons que nôtre femblable a le même
bien que nous poffedons. Nous craignons que l'avantage qui lui arrive ob-
fcurcisse nôtre gloire, c'est pourquoi
nous defirons ordinairement de lui ravir l'excellence qu'il tire du bien qui
le rend confiderable.

Si nous n'avons pas le bien qui arrive
à nôtre femblable, l'envie qui se forme en nôtre ame est ordinairement
compofée auffi bien que l'indignation
de deus douleurs & de deus defirs. Il
ne faut pas pourtant confondre l'envie
avec l'indignation, car l'indignation est
vne douleur que nous avons de la prof-
perité de ceus qui font indignes des
biens qu'ils poffedent, & l'envie est vne
douleur que nous avons de la profpe-
rité de nos femblables.

Si la connoiffance des trois premieres parties de la Philofophie Morale
est vtile aus femmes , elles pourront
recevoir de grans avantages de la quatriéme partie de la même Science, qui
leur donnera la connoiffance des vertus

tus qu'elles doivent pratiquer & des vices qu'elles doivent combatre.

---

*Des avantages que les femmes peuvent
recevoir de la quatriéme partie de la
Philosophie Morale.*

CHAPITRE V.

C OMME les femmes doivent
aussi bien que les hommes pratiquer la vertu & fuir le vice,
il est certain qu'elles doivent
s'apliquer à l'étude de la quatriéme partie de la Philosophie Morale.

Pour leur en donner quelque connoissance, il faut faire ici vn abregé des
choses que nous y devons considerer.

Nous y devons traiter des habitudes
que nous pouvons aquerir & de celles
que Dieu imprime dans nos ames.

Il est tres-évident que l'explication des
habitudes qui nous arrivent par l'action
de la faculté qui les reçoit doit prece-

K

der celle des habitudes que Dieu imprime dans nos ames pour nous élever à la joüiſſance de ſa gloire, parce que l'état de la nature precede celui de la grace.

Si nous voulons diſcourir par ordre des habitudes qui nous arriuent par l'action de la faculté qui les reçoit, les diſcours que nous en devons faire en général doivent preceder ceus que nous en devons faire en particulier, parce que l'explication des choſes générales doit preceder celle des choſes particulieres.

Les habitudes qui nous arrivent par l'action de la faculté qui les reçoit & qui peuvent nous rendre heureus ou mal-heureus ſont, ou loüables, ou vitieuſes. Cat quand les facultés qui deſirent obeiſſent à la raiſon, elles s'aquitent de leur devoir & les habitudes qui leur arrivent ſont loüables. Mais quand elle s'éloignent de la raiſon, les habitudes qu'elles reçoivent ſont vitienſes.

L'explication des habitudes loüables, qui ſont du nombre des biens & qui confervent le raport que les facultés de l'ame doivent avoir les vnes avec les autres, doit preceder celle des habitudes vitieufes, qui font du nombre des maus & qui s'éloignent de l'ordre qu'il faut fuivre.

Comme nous devons connoître les bonnes habitudes pour les pratiquer,

Nous examinerons la nature & les caufes des vertus morales.

Nous devons connoître les vices qui font opofés aus vertus morales, pour les éviter, c'eft pourquoi nous en devons connoître la nature par leur definition & par leur diftinction, pour en avoir vne claire connoiffance, les caufes pour nous opofer à leur naiffance & les effés pour en faire naître l'horreur dans nos ames.

A prés que nous aurons parlé en général des vertus morales que nous devons aquerir & des vices que nous devons éviter, nous en traiterons en particulier.

Pour découvrir l'ordre que nous devons fuivre dans les difcours que nous en devons faire, nous devons fçavoir que la vertu morale eft, ou ordinaire, comme la vaillance, ou l'ornement des autres vertus morales, fçavoir la magnanimité, qui fait quelque chofe de grand dans la moderation des paffions & dans châque vertu.

Celui qui fçait que l'ornement d'vne chofe la fupofe juge facilement que la magnanimité doit être expliquée aprés les autres vertus morales.

Les vertus ordinaires font, ou principales, comme la juftice, ou dépendantes de quelque vertu principale, comme la liberalité eft vne vertu qui dépend de la juftice.

Il eft tres-évident que l'explication des principales vertus doit preceder celle des vertus qui en dépendent.

Comme les vertus que nous devons aquerir doivent leur naiffance aus bonnes actions que nous devons pratiquer & que ces actions font les effés des principes qui les produifent, fi nous voulons bien établir le nombre des principales vertus qui réglent nôtre vie, nous devons affûrer qu'elles perfectionnent d'vne excellente maniere, ou nôtre entendement, ou nôtre volonté, ou nôtre apétit concupiscible, ou nôtre apétit irascible.

La prudence, qui nous éclaire dans les choses que nous devons faire pour arriver à la derniere fin de nôtre vie, est le bien même de nôtre raison. La justice l'établit dans les choses exterieures, étant vne vertu de nôtre volonté qui conserve l'égalité. Enfin la temperance & la force le conservent, en s'oposant aus passions qui le peuvent d'étruire. La temperance se forme dans nôtre apétit concupiscible, pour moderer le plaisir qui nous porte aus choses dont la raison nous détourne & la force arrive à nôtre apétit irascible, pour moderer la crainte qui nous détourne des choses que la raison met du nombre des biens.

Les vertus principales, que nous venons de disposer selon l'ordre des sujés où elles resident, ne doivent pas être expliquées dans le même ordre dans la quatriéme partie de la Philosophie Morale. Car comme l'habitude qui perfectionne l'homme à l'égard de lui même doit preceder celle qui le perfectionne à l'égard des autres, la force & la temperance, qui réglent des mouvemens interieurs de son ame, doivent preceder la justice, qui le perfectionne à l'égard des autres.

Pour découvrir l'ordre qu'il faut mettre entre la force & la temperance, il faut sçavoir que les vertus qui perfectionnent l'homme à l'égard de lui méme sont des remedes qu'il doit metre en vsage pour s'opofer aus maus qui vienent de ses inclinations.

Cette proposition nous aprend que les principales & premieres vertus qui perfectionnent l'homme à l'égard de lui-méme sont les premieres qualités qu'il doit aquerir pour combatre les maus qui vienent de ses premieres inclinations.

L'homme veut vivre, & il veut vivre agreablement.

La vie lui est commune avec les plantes & le plaisir lui est commun avec les bestes.

L'inclination que l'homme a pour la vie est acompagnée de la crainte de la mort, & comme cette passion

le détourne du bien , il doit tâcher
de la moderer , & il peut obtenir cét
avantage par la vaillance.

L'inclination que l'homme a pour le
plaifir le porte au vice, c'eft pourquoi
il doit refifter à la violence de cette paffion par le moïen de la temperance.

Aprés que nous aurons parlé de la
force & de la temperance, qui réglent
des mouvemens interieurs de nôtre
ame , nous parlerons de la juftice, qui
nous perfectionne à l'égard des autres & nous finirons le traité des vertus morales par celui de la magnanimité , qui eft l'ornement des autres
vertus morales.

Si la felicité que nous pouvons aquerir par l'effort de nôtre nature étoit le
dernier terme de nos actions, les vertus morales pourroient étre les derniers principes de nôtre perfection.
Mais comme les moïens doivent étre
proportionés à la fin qu'ils regardent & que nous avons été créés
pour joüir d'vne felicité furnaturele , nous n'y pouvons arriver fans
le fecours des Vertus Theologales, qui

font la Foi , l'Efperance & la Charité.

La Foi nous fait croire tout ce que Dieu a fait pour nôtre falut.

L'Efperance nous fait tendre à Dieu, entant que nous en pouvons obtenir la poffeffion par le moïen de fa grace.

La Charité, qui nous vnit à Dieu & qui nous y atache à caufe de lui méme , fait que nous raportons à fa gloire les actions des autres vertus.

Comme nous ne pouvons pratiquer qu'imparfaitement la Charité , nous avons befoin des dons du *Saint Efprit* pour faire nôtre falut, d'où vient que nous parlerons à la fin de la morale de ces dons admirables , qui nous difpofent à fuiure promtement la conduite du Saint Efprit & qui font les dernieres qualités de la perfection Chrétiene.

L'ordre que nous venons d'établir prouve que nous devons commencer l'abregé de la quatriéme partie de la Philofophie Morale par l'explication de la nature de la vertu morale & de fes caufes.

Si nous voulons bien definir la vertu
morale

morale pour en expliquer la nature, nous devons dire qu'elle est vne habitude des puissances de l'ame qui sont raisonnables de leur nature ou par participation qui nous porte au bien & dont nous ne pouvons abuser.

Si nous voulons discourir par ordre des causes de la vertu morale, nous en devons examiner la fin, la cause efficiente, le sujet & l'objet.

La fin de cette vertu est, ou prochaine, ou éloignée.

Sa fin prochaine est vne bonne action, car la fin d'vne bonne habitude est de produire vne action qui soit conforme à son principe.

Si nous faisons de bonnes actions, nous serons heureus & nous travaillerons pour le bien public, c'est pourquoi nous devons assûrer que la fin éloignée de la vertu est, ou le bon-heur de celui qui est vertueus, qui est la fin éloignée des vertus, entant qu'elles perfectionnent celui qui les possede, ou la felicité publique, qui est la fin éloignée des vertus, entant qu'elles relevent de l'empire de la justice générale.

L.

Il n'eſt pas dificile de ſçavoir qu'elle eſt la cauſe efficiente qui fait naître la vertu morale dans nos ames. Car comme les habitudes que nous aquerons nous arrivent par l'action de la faculté qui les reçoit , il eſt tres-évident que les actions ſont la cauſe efficiente de la vertu morale , c'eſt à dire , que nous pourrons aquerir cette qualité ſi les actions que nous pratiquons ſont conformes à la raiſon.

Comme les vertus morales ſont reçûës dans les faclutés qui les produiſent, leur ſujet eſt , ou l'entendement, entant qu'il eſt mû par la volonté , ou la volonté , ou l'apétit ſenſüel , entant qu'il obeït à la raiſon.

L'objet de la vertu morale eſt , ou prochain , où éloigné , comme le deſir eſt l'objet prochain de la liberalité & les richeſſes ſont l'objet éloigné de la même vertu.

Toute vertu morale n'a pas pour objet prochain vne paſſion, car l'objet prochain de la juſtice eſt vne action exterieure, c'eſt pourquoi nous devons aſſûrer que la vertu morale a pour objet

prochain , ou vne paſſion , qui eſt l'objet de la vaillance , de la temperance &
des autres vertus qui doivent moderer
les paſſions , ou vne action exterieure ,
qui eſt l'objet de la juſtice.

L'objet éloigné de la vertu eſt , ou
l'objet d'vne paſſion , comme les perils
qui peuvent détruire la vie ſont l'objet
éloigné de la vaillance , ou le bien d'autrui , qui eſt , ou commun , ou particulier,

Le premier eſt l'objet éloigné de la
juſtice générale , & le ſecond eſt l'objet éloigné de la juſtice particuliere.

Comme les contraires ſe font connoître l'vn l'autre , nous pouvons facilement tirer la definition du vice de celle
de la vertu , c'eſt pourquoi nous devons dire que le vice eſt vne habitude
des puiſſances de l'ame qui ſont raiſonnables de leur nature ou par participation qui nous porte au mal.

Il y a ſept vices capitaus qui peuvent
être la ſource de pluſieurs déréglemens,
qui ſont l'Orgueil, l'Avarice, la Gourmandiſe, la Luxure, la Colere, la Douleur du bien divin & l'Envie.

Pour avoir vne claire connoiſſance de leur ordre, il faut ſçavoir qu'vne choſe peut mouvoir l'apétit, ou directement, ou indirectement.

L'apétit peut être mû directement, ou par le bien, pour le pourſuivre, ou par le mal pour le fuïr.

Le bien eſt, ou de l'ame, comme l'excellence de l'honneur, que l'orgueil cherche d'vne maniere immoderée, ou de la fortune, comme les richeſſes, dont le deſir immoderé conduit les hommes à l'avarice, ou du corps, qui eſt néceſſaire pour la conſervation, ou de l'individu, ou de l'eſpece ; la gourmandiſe tend par excés au premier & la luxure ſe porte par excés au ſecond.

Comme l'apétit peut être mû par le bien, pour le pourſuivre, il peut être mû par le mal, pour le fuïr ; il ſemble donc qu'il y ait autant de vices capitaus à l'égard du mal, qu'il y en a à l'égard du bien, & que nous ſoïons obligés par ce moïen d'en augmenter le nombre.

Il eſt facile de répondre à cette dif-

culté, car l'orgueil, l'avarice, la gourmandife & la luxure s'éloignent d'vne
maniere déreglée des maus qui font
opofés aus biens qu'ils pourfuivent. L'or-
gueilleus, qui cherche l'honneur, fuit
le mépris, l'avare, qui cherche l'abondance des richefles, fuit la pauvreté &
les voluptueus reçoivent de la douleur
par l'abfence des plaifirs qu'ils prenent
aus biens du corps.

Si nous confiderons de qu'elle maniere vne chofe meut indirectement l'a-
pétit, nous trouverons que la colere,
la douleur du bien divin & l'envie font
du nombre des vices capitaus, car vne
chofe meut indirectement l'apétit, ou
par la pourfuite de quelque mal, à caufe de quelque bien, d'où vient que la
colere nous incite à combatre celui qui
nous a ofenfés, pour nous venger du
mal qu'il nous a fait, ou par la fuite de
quelque bien à caufe de quelque mal,
ou du bien divin, dont les méchans
peuvent avoir de la douleur, à caufe
que Dieu a la puiffance de les punir,
ou du bien de nôtre prochain, qui fait
naître l'envie dans nôtre ame, lors que

nous croïons qu'il diminuë nôtre propre excellence.

Comme le Medecin doit connoître les caufes des maladies pour les combatre, nous devons connoître les caufes du peché pour nous opofer à leur naifance,

Les caufes du peché font, ou externes, ou internes.

Les caufes externes du peché que nous commetons font principalement le Demon & les hommes.

Le Demon ne peut être directement caufe du peché, parce qu'il ne peut mouvoir néceffairement nôtre volonté, qui eft libre de fa nature; mais il en peut être caufe indirectement, entant qu'il peut propofer quelque objet fenfible à nôtre imagination, pour faire naître quelque paffion dans nôtre apétit.

Les hommes peuvent être caufes du peché, entant que les vns incitent les autres à la pourfuite de quelque bien aparant.

Les caufes internes du peché font, ou la paffion, ou l'ignorance, ou la malice. Car comme l'homme tend na-

turelement au bien, lors qu'il se porte
au mal, il y a quelque corruption dans
les principes qui produisent les actions
humaines, c'est à dire, qu'il y a quelque corruption dans l'apétit, dans l'entendement & dans la volonté.

La corruption de l'apétit vient de la
passion, celle de l'entendement vient
de l'ignorance & celle de la volonté
vient de la malice, c'est pourquoi il
faut assûrer que les causes internes du
peché sont, ou la passion, ou l'ignorance, ou la malice.

Si la beauté du corps a des charmes
assés puissans pour nous atirer, nous
devrions considerer que celle de l'ame
est tres éclatante, que l'inclination que
nous avons à la vertu nous conduit au
bien qui nous convient & que nous
devons tendre à Dieu pour en obtenir
la possession.

Ces reflexions nous feroient connoître que nous devons avoir de l'horreur
du peché mortel, qui détruit la beauté
de nôtre ame, qui diminuë l'inclination que nous avons à la vertu, qui
nous empéche de tendre à Dieu & qui

nous rend coupables d'vne peine éternele.

Aprés avoir parlé en général des vertus morales & des vices qui leur sont oposés, il en faut discourir en particulier, selon l'ordre que nous avons établi au commencement de ce chapitre.

La parfaite prudence, qui est la régle des autres vertus morales, est vne vertu de l'entendement, qui conduit les actions de la raison pratique à vne bonne fin & dont le principal devoir est de prescrire ce qu'il faut faire pour arriver à la derniere fin de la vie humaine.

Il est tres-vtile de sçavoir que la synderese, l'experience, la memoire, la subtilité d'inventer promtemènt les moiens qu'il faut prendre pour arriver à quelque fin, la docilité, l'vsage de la raison, la providence, la circonspection & la precaution sont les disposi-tions qui sont nécessaires pour aquerir la prudence & pour la pratiquer.

Si nous voulons avoir vne claire con-noissance de leur ordre, nous devons considerer qu'elles conviennent à la

prudence , ou à l'égard de la connoiſſance , ou à l'égard de l'aplication de la
connoiſſance aus actions que nous devons faire. Les ſix premieres lui convienent à l'égard de la connoiſſance &
les trois dernieres lui convienent à l'é-
gard de l'aplication de la connoiſſance
aus actions que nous devons pratiquer.

Nous pouvons facilement découvrir
l'ordre des ſix premieres diſpoſitions
qui ſont néceſſaires pour aquerir la prudence, par le raport que nous pouvons
faire du prudent avec le ſçavant.

Comme les principes des Sciences
ſont les premieres choſes que le ſçavant
doit connoître, pour en tirer des concluſions , la connoiſſance des principes
généraus qui regardent la conduite de
la vie humaine, qui dépend de la ſyn-
dereſe, eſt la premiere diſpoſition qui
nous eſt néceſſaire pour aquerir la prudence.

Celui qui ſçait que la prudence doit
apliquer ſes principes aus choſes particulieres que nous devons faire juge facilement qu'elle contient pluſieurs principes particuliers.

La connoissance de ces principes dépend de l'experience, c'est pourquoi il faut assûrer que l'experience est la seconde disposition qui nous est nécessaire pour aquerir la prudence.

Comme l'experience dépend de la memoire, il est certain que la memoire est vne disposition pour la prudence. Nous ne douterons pas de cette verité, si nous considerons que la memoire des choses passées nous sert pour bien déliberer des choses futures.

Le prudent étant éclairé par les principes qui regardent la conduite de la vie humaine peut aquerir la connoissance qui lui est nécessaire pour vivre selon la raison, de la même façon que le sçavant peut tirer plusieurs conclusions des principes qu'il peut connoître par la lumiere qu'il a de la nature, & comme le sçavant peut aquerir quelque connoissance, ou par sa propre industrie, ou par le moïen des autres, le prudent peut aquerir la connoissance qui lui est nécessaire pour la conduite de sa vie, ou par sa propre industrie, lors qu'il a la subtilité d'inventer promtement les

moïens qu'il doit prendre pour arriver
à la fin qu'il se propose, ou par le moïen
des autres.

Pour sçavoir que le prudent a besoin
des autres pour aquerir la connoissance
qui lui est nécessaire pour bien vivre &
qu'elle disposition il doit avoir pour recevoir des autres la lumiere qu'il n'a
pas, il faut considerer que la prudence
regarde des choses particulieres qui sont
infinies & que les choses qu'elle regarde
sont contingentes.

Ces verités prouvent que l'homme ne
peut avoir de soi méme la parfaite prudence, & qu'il doit emprunter des autres les lumieres qu'il n'a pas.

Comme il doit suivre principalement
les lumieres des sages, il doit étre dis-
posé à recevoir leur instruction, c'est
pourquoi la docilité est vne disposition
qui lui est nécessaire pour aquerir la prudence.

Bien que l'homme ait aquis plusieurs
connoissances pour la conduite de sa vie,
ou par sa propre industrie, ou par le
moïen des autres, il peut toûjours les
augmenter, à cause que les actions hu-

maines dépendent de plusieurs circonstances, c'est pourquoi l'vsage de la raison est vne disposition nécessaire pour aquerir la prudence & pour bien pratiquer cette vertu.

La suite des propositions precedantes nous enseigne clairement, que la synderese, l'experience, la memoire, la subtilité d'inventer promtement les moïens qu'il faut prendre pour arriver à quelque fin, la docilité & l'vsage de la raison convienent à la prudence à l'égard de la connoissance, & il faut prouver que la providence, la circonspection & la precaution lui convienent à l'égard de l'aplication de la connoissance aus actions que nous devons pratiquer.

Pour avoir vne claire connoissance de cette verité, il faut considerer que le prudent pour bien apliquer ses principes aus actions qu'il doit pratiquer doit faire le raport des moïens qu'il doit choisir avec la fin qu'il doit poursuivre.

Ce raport dépend de la providence, qui est la principale partie de la prudence, car le principal devoir de la pru-

dence est de prendre de bons moïens
pour arriver à vne bonne fin.

Comme les moïens qui sont bons en
vn lieu ou en vn tems ne valent rien en
l'autre, la circonspection est nécessaire
au prudent pour faire le raport des
moïens avec les circonstances, d'où
vient qu'il se doit changer selon la di-
versité des circonstances qui peuvent arriver. Mais quoi qu'il se change à l'é-
gard des moïens, ses actions sont toûjours conformes aus ordres de la raison.

Enfin puis qu'il y a des maus qui s'o-
posent aus actions de la vertu & qu'il
s'en trouve qui ont l'aparance du bien,
le prudent doit éviter les maus dans l'v-
sage des biens par le moïen de la precaution.

Aprés avoir parlé de la prudence, qui
nous éclaire dans les choses que nous
devons faire pour la conduite de nôtre
vie, l'ordre que nous avons établi au
commencement de ce chapitre nous
oblige à discourir de la force & de la
temperance, qui conservent le bien de
nôtre raison, en s'oposant aus passions
qui le peuvent détruire.

Pour bien difcourir de la vaillance, il faut examiner fon objet, l'action qui le regarde & la nature de la vertu que cette action fait naître dans l'apétit irafcible.

L'objet de la vaillance eft, ou prochain, ou éloigné.

Elle a pour objet prochain vne paffion qu'elle doit moderer, & il eft certain qu'elle doit régler la crainte & la hardieffe. Car comme elle doit s'opofer à la paffion qui nous détourne des chofes aus quelles la raifon nous porte, il eft tres-évident qu'elle doit régler la crainte, & comme la crainte & la hardieffe, qui vienent de la fuite, ont vn méme objet, la vaillance doit auffi moderer la hardieffe.

Il faut examiner quel eft fon objet éloigné, pour faire connoître clairement qu'elle eft diferante des autres vertus morales. Car puis que la crainte vient de l'amour, toute vertu qui modere l'amour de quelque bien, modere auffi la crainte du mal qui lui eft opofé, comme la liberalité, qui modere l'amour des richeffes, modere auffi la crainte de la pauvreté, la magnanimité, qui modere le defir des honneurs, modere auffi la crainte du mépris & comme nous aymons naturelement la vie, la vaillance nous eft néceffaire pour régler la crainte des perils qui la peuvent détruire.

Les actions de la vaillance font, ou de refifter au peril, en s'opofant à la crainte, ou de s'y porter, par la moderation de la hardieffe.

Le vulgaire s'imagine ordinairement que celui qui refifte au peril n'eft pas fi vaillant que celui qui s'y porte, Mais les Philofophes qui font plus éclairés que le vulgaire foûtienent que la vaillance reluît plus parfaitement dans celui qui demeure ferme & immobile dans le peril que dans celui qui s'y porte.

La preuve de cette verité peut être tirée, ou de la nature du peril, ou de la maniere d'agir de celui qui refifte & de celui qui ataque, ou de la grandeur de l'ennemi.

Si nous confiderons que le peril augmente la crainte & qu'il diminuë la hardieffe, nous jugerons facilement qu'il

eſt plus dificile de reſiſter au peril en s'o-
poſant à la crainte, que de s'y porter
par la moderation de la hardieſſe, c'eſt
pourquoi la premiere de ces actions eſt
plus éclatante que la ſeconde.

La méme verité peut étre connuë par
la maniere d'agir de celui qui reſiſte &
de celui qui ataque, car le premier demeure long tems immobile dans le peril, le ſecond, qui ſuit le mouvement de
la hardieſſe, s'y porte promtement & il
eſt certain qu'il eſt plus dificile de demeurer long tems immobile dans le peril que de s'y porter promtement.

Enfin comme la victoire ſupoſe le
combat & que la puiſſance de l'ennemi
à qui l'on reſiſte eſt la meſure de l'avantage que l'on peut avoir ſur lui, celui
qui demeure immobile dans le peril eſt
plus vaillant que celui qui s'y porte,
car le premier s'opoſe à la crainte, &
le ſecond ſuit le mouvement de la hardieſſe.

La crainte ſe forme en l'ame de quelqu'vn, lors qu'il croit que ſon ennemi
le ſurpaſſe en puiſſance, & la hardieſſe
ſe forme en l'ame de celui qui croit étre
plus

plus fort que l'ennemi qu'il ataque, c'eſt pourquoi il eſt plus dificile de demeurer long tems immoble dans le peril en s'opoſant à la crainte que la grandeur de l'ennemi fait naître, que de s'y porter promtement par la moderation de la hardieſſe.

Si l'action de celui qui reſiſte au peril eſt plus parfaite que l'action de celui qui s'y porte ; l'action de celui qui ſuporte le mal qui lui eſt arrivé eſt encore plus éclatante que l'action de celui qui s'opoſe à la crainte du mal qui lui peut arriver.

Pour avoir vne claire connoiſſance de cette verité, il faut ſçavoir que nous devons diſcourir de la vaillance par opoſition à la lâcheté.

La lâcheté ſe fait parétre, ou avant que le mal ſoit arrivé, ou aprés qu'il eſt arrivé, c'eſt à dire, que celui qui eſt lâche nous donne des preuves tres-évidentes de ſa foibleſſe, ou lors qu'il craint trop le mal qui lui peut arriver, ou lors qu'il ne peut ſuporter celui qui le perſecute.

Puis que nous devons diſcourir de la

M

vaillance par opofition à la lâcheté,
nous devons affûrer que le vaillant refifte à la crainte du mal qui lui peut
arriver & qu'il fuporte conftamment
celui qui lui eft arrivé.

La plus éclatante de ces actions eft
fans doute celle qui eft la plus dificile
à pratiquer, & il eft certain que la feconde eft plus dificile à pratiquer que
la premiere. Car comme les caufes agif-
fent plus fortement par leur prefence
que par leur abfence, le mal n'a pas
tant de force pour faire naître la crainte par fon abfence qu'il a de puiffance
pour exciter la douleur par fa prefence.

Celui qui fçait que la principale action de la vaillance eft de fuporter le
mal qui eft arrivé juge facilement que
celui qui fe prive de la vie, à caufe qu'il
n'a pas obtenu quelque bien qu'il defi-
roit, ou parce qu'il eft ataqué de quelque mal, ne merite point le nom de
vaillant.

Ceus qui jugent des hommes par leurs
actions exterieures donnent fouvent le
nom de vaillant à celui qui ne l'eft pas

veritablement, lors qu'ils penſent que
pour être vaillant il ſufit de s'expoſer
aus perils qui peuvent détruire la vie.
Mais ſi nous voulons diſtiinguer clairement les veritables actions de la vaillance de celles qui n'ont que l'aparance de cette vertu , nous devons ſçavoir qu'elles ſont les conditions de la
vaillance.

Puis que la vaillance eſt du nombre
des vertus , il faut examiner ce qu'il
faut faire pour exercer des actions vertueuſes, pour découvrir ce qu'il faut faire pour être vaillant.

Il ne faut pas diſcourir des actions
vertueuſes comme des ouvrages de l'art,
car l'excellence d'vn ouvrage artificiel
ne dépend pas de la vertu de celui qui
le produit ; mais la bonté des actions
humaines dépend de celui qui les pratique , car ſon action ne peut être loüable que lors qu'il connoît & qu'il choiſit vne choſe pour vne bonne fin.

Cette propoſition nous aprend que
celui-là ſeulement merite le nom de
vaillant qui connoît le peril , qui le
choiſit & qui s'y porte pour vne bon-

ne fin & non pas pour être eſtimé des hommes.

On void clairement que ceus qui ſe portent au peril qu'ils ne connoiſſent pas ne ſont pas veritablement vaillans, parce qu'ils n'ont pas la premiere condition de la vaillance.

Il faut auſſi ôter du nombre des vaillans ceus qui ſe portent au peril par quelque paſſion, comme par eſperance, ou par colere, parce qu'ils n'agiſſent pas avec chois.

Ceus qui ſont perſuadés par l'experience qu'ils ont qu'il n'y a rien à craindre dans la choſe qu'ils entreprenent n'exercent pas vne veritable action de vaillance, puis qu'ils ne choiſiſſent pas le peril.

Enfin ceus qui connoiſſent le peril & qui le choiſiſſent ne ſont pas vaillans, lors qu'ils s'y portent pour être eſtimés des hommes, car ils n'ont pas la troiſiéme condition qui eſt néceſſaire pour aquerir la vaillance.

Il eſt certain que celui qui donne l'aumône pour être eſtimé des hommes doit être blâmé : il faut auſſi con-

damner l'action de celui qui se porte
aus grans perils pour aquerir de l'honneur, car le premier est hypocrite & le
second est ambitieus.

Les choses que nous avons dites de
l'objet de la vaillance & de ses actions
peuvent nous servir pour expliquer la
nature de cette vertu par sa definition,
car elles nous enseignent que la vaillan-
est vne vertu de l'apétit irascible, qui
doit régler pour vne bonne fin la crainte & la hardiesse, à l'égard des perils
qui peuvent détruire la vie.

Si nous voulons discourir clairement
de la temperance, nous devons suivre
l'ordre que nous avons gardé dans l'explication que nous avons faite de la
force, c'est à dire, que nous en devons
examiner l'objet, les actions & la nature.

Il est facile de rendre la raison de
cét ordre, car la temperance dépend
des actions qui la produisent, & ces
actions tirent leur diferance de l'objet
qu'elles regardent.

L'objet de la temperance est, ou prochain, ou éloigné.

Elle a pour objet prochain vne paſſion qu'elle doit régler.

Il faut examiner en particulier qu'elle paſſion elle doit moderer, pour faire connoître de qu'elle maniere elle eſt diferante des autres vertus morales.

Comme la temperance eſt vne vertu principale, auſſi bien que la vaillance, & que ces deus vertus conſervent le bien de la raiſon, en s'opoſant aus paſſions qui le peuvent détruire, nous pouvons facilement diſcourir de l'objet prochain de la temperance par raport à celui de la vaillance. Car comme la vaillance doit combatre la crainte des grans perils, la temperance doit s'opoſer à la violence des grans plaiſirs, qui nous portent aus choſes dont la raiſon nous détourne.

Comme la vaillance, qui nous fait ſuporter les maus qui nous détournent des choſes aus quelles la raiſon nous porte, a proprement pour objet la crainte qu'elle doit combatre, & en ſuite la hardieſſe qu'elle doit moderer, la temperance, qui nous éloigne des biens ſenſibles qui nous atirent contre la raison, a proprement pour objet les plaisirs qui nous font communs avec les beftes, & enfuite la douleur qui vient de leur abfence.

Celui qui fçait que la vertu qui a pour objet prochain vne paffion a pour objet éloigné l'objet de la paffion qu'elle doit moderer, juge facilement que la temperance, qui modere les plaifirs qui nous font communs avec les beftes, a pour objet éloigné les chofes agréables qui font néceffaires gour la confervation de l'individu & de l'efpece.

Quant nous voulons expliquer les actions de la temperance, nous voulons faire connoître ce qu'elle doit faire à l'égard de l'objet qu'elle regarde, & comme elle a pour objet le plaifir & la douleur, nous devons examiner ce qu'elle doit faire à l'égard de l'vne & de l'autre de ces paffions.

Il eft tres-évident qu'elle doit regler les plaifirs qui nous font communs avec les beftes. Mais le devoir de cette vertu n'eft pas feulement de moderer ces plaifirs; elle doit encore s'opofer à la naiffance de la douleur qui peut être excitée par leur abfence.

On peut demander si la temperance reluit plus parfaitement dans la premiere de ces actions, que dans la seconde.

Nous pourrons facilement terminer cette question, si nous sçavons que les causes agissent plus fortement par leur presence que par leur abscence. Car comme la force consiste principalement à suporter le mal qui est arrivé, la temperance consiste principalement à moderer les plaisirs qui vienent de la presence des choses agréables qui sont necessaires pour la conservation de l'individu ou de l'espece.

Nous pourrons facilement connoître la nature de la temperance, si nous faisons reflexion sur les choses que nous venons de dire pour en découvrir l'objet & les actions, car elles nous enseignent que la temperance est vne vertu de l'apétit concupiscible, qui modere les plaisirs qui nous sont communs avec le bestes & qui s'opose à la naissance de la douleur qui vient de leur absence.

Aprés avoir parlé de la force & de la temperance, qui réglent les mouve-

mens

mens interieurs de nôtre ame, l'ordre que nous avons établi au commencement de ce chapitre nous oblige à discourir de la justice, qui nous perfectionne à l'égard des autres.

Si nous en voulons parler par ordre, nous en devons examiner l'objet, les actions & la nature.

L'objet de la justice est, ou prochain, ou éloigné.

Comme elle nous perfectionne à l'égard des autres, elle a pour objet prochain vne action exterieure.

Son objet éloigné est le bien d'autrui, qui est, ou commun, qui est l'objet éloigné de la justice générale, qui commande aus autres vertus, ou particulier, qui est l'objet éloigné de la justice particuliere,

Si nous voulons bien discourir des actions de la justice, nous devons assûrer que l'homme pour être juste doit s'éloigner du mal & faire du bien.

Il est vrai que faire du bien & s'éloigner du mal ne font pas des actions diferantes, à l'égard des vertus qui ont pour objet les passions qu'elles doivent

N

moderer; mais elles font diferantes, à l'égard de la juftice, qui a pour objet les actions exterieures.

Comme les vertus qui ont pour objet les paffions font au milieu de deus habitudes viticufes, celui qui les pratique s'éloigne des extremités qui leur font opofées, c'eft pourquoi faire du bien & s'éloigner du mal ne font pas deus actions diferantes, à l'égard des vertus qui ont pour objet les paffions qu'elles doivent moderer; mais elles font diferantes, à l'égard de la juftice, qui doit régler nos actions exterieures, car cette vertu nous oblige à nous éloigner des actions qui peuvent détruire l'égalité, & à pratiquer celles qui font néceffaires pour la procurer.

Si nous voulons établir vne parfaite définition de la juftice, qui nous en fera connoître la nature, nous devons dire que c'eft vne vertu de la volonté qui conferve l'égalité, en nous empéchant de nous éloigner de l'ordre que nous devons garder à l'égard de nôtre prochain, & en nous obligeant à lui rendre tout ce qui lui apartient.

Quand nous difons qu'elle nous em-
pêche de nous éloigner de l'ordre que
nous devons garder à l'égard de nôtre
prochain, nous faifons connoître le
mal qu'elle nous fait éviter, & quand
nous affûrons qu'elle nous oblige à
lui rendre tout ce qui lui apartient,
nous expliquons parfaitement le bien
qu'elle nous fait pratiquer.

Nous voulons montrer par la premiere partie de la définition precedan-
te, que la juftice nous éloigne des actions qui peuvent détruire l'égalité,
& nous voulons faire connoître par
la feconde qu'elle nous oblige à faire
celles qui font néceffaires pour la procurer.

Quand nous difons que la juftice nous
fait rendre à nôtre prochain ce qui lui
apartient, nous la diftinguons de la liberalité, qui nous fait donner à quelqu'vn ce qui lui convient, & non pas
ce qui lui apartient.

Enfin lors que nous affûrons que la
juftice nous oblige à rendre à nôtre
prochain tout ce qui lui apartient, nous
la diftinguons de la religion, car nous

ne rendons à Dieu par la religion qu'vne partie de ce qui lui eſt dû,

I'ai traité amplement de la magnanimité, qui eſt l'ornement des autres vertus, dans la quatriéme partie de la Philoſophie Morale , & je me contenterai de faire connoître ici qu'il eſt dificile de trouver des heros.

C'eſt peut être que les grandes actions ne peuvent être que les effés de ceus qui ſont nés dans la grandeur, que ce n'eſt pas aſſés d'être d'vne naiſſance illuſtre ; mais qu'il faut encore trouver des occaſions favorables pour faire dès actions qui meritent l'honneur & la gloire ; qu'il ne ſufit pas enfin que la fortune ait ajoûté aus avantages de la naiſſance des occaſions pour faire parétre ſa vertu, mais qu'il faut avoir vne ſi grande prudence pour conduire les mouvemens qui nous portent aus choſes extraordinaires , vne ſi forte reſolution pour combatre les dificultés qui s'opoſent à la naiſſance des belles actions , & vne ſi parfaite humilité aprés les avoir faites , que l'on peut douter raiſonnablement s'il y a des heros.

Si c'est par ces degrés seulement que les hommes peuvent être élevés à l'état heroïque, le nombre des heros n'est pas grand. Mais comme ce dernier degré de perfection consiste dans le bon vsage de l'entendement & de la volonté, qui ne relevent point de l'empire de la fortune, on y peut arriver en toutes sortes de conditions, & on peut faire des actions éclatantes dans l'infortune aussi bien que dans la prosperité.

Il est vrai que ceus-là sont dans l'état heroïque qui se servent des avantages de leur condition, ou pour éclairer les autres, ou pour les secourir, qui ajoûtent l'éclat de la vertu à celui de leur naissance, pour éclairer ceus qui les prenent pour la régle de leurs actions, & qui se servent des richesses qu'ils possedent pour secourir les pauvres dans leur misere. Lors qu'il font toutes ces actions pour faire quelque chose de grand, ils sont du nombre des heros. Mais il ne faut pas ôter de ce nombre ceus qui ne sont pas illustres par leur naissance, & qui peuvent l'être par la grandeur de leurs actions, qui regar-

dent ceus qui sont au dessus d'eus sans
être ataqués d'envie, & qui soufrent
constamment les maus qui sont ata-
chés à leur condition.

Ie demeure d'acord que celui-là est
dans le dernier degré de la vertu qui
connoît que la prosperité dont il joüit
n'est qu'vn foible rayon dant l'éclat
dépend de l'imagination des vns & la
durée de la volonté des autres, qui regarde sa bonne fortune comme vn ennemi étranger qui donne des forces à
ses ennemis domestiques pour lui faire
la guerre & qui aïant la puissance de
commetre toutes sortes de crimes s'en
éloigne par la beauté de la vertu. Mais
il est certain que l'homme peut faire
des actions éclatantes aprés avoir été
frapé d'vn coup de la fortune que les
ames basses apelent insuportable, c'est
à dire, aprés la perte des richesses, des
amis & des honneurs, car il peut dire
qu'il est obligé à la fortune dans le
tems qu'elle entreprend de le persecu-
ter avec violence, qu'en lui ravissant
les richesses qu'il possedoit, elle a travaillé pour son bien, puis qu'elle a

rompu les liens qui l'atachoient fortement à la terre & qui pouvoient le
détourner de la contemplation de Dieu,
qu'en le privant de ſes amis elle lui
a fait connoître que celui qui veut aymer parfaitement ſans ſe metre en peril
de recevoir aucun déplaiſir dans ſon
amitié doit aymer Dieu & qu'en lui
ôtant les honneurs elle a diſſipé vne
fumée qui pouvoit obſcurcir la lumiere
de ſa raiſon.

Il ſeroit injuſte de metre au rang des
hommes ordinaires ceus qui ont ces
ſentimens, & qui s'en ſervent pour s'o-
poſer à la naiſſance des paſſions que les
mal-heurs ont acoûtumé de produire
dans l'ame des hommes ; il ſemble donc
qu'il ne ſoit pas dificile de trouver des
heros, puis qu'on peut arriver à ce
dernier degré de perfection dans la grandeur, dans la baſſeſſe, dans la proſperi-
té & dans l'infortune.

Il eſt vrai que le chemin qui conduit
à la généroſité eſt ouvert aus hommes
en toutes ſortes de conditions. Mais
cette verité ne doit pas nous empécher
d'aſſûrer qu'il eſt dificile de trouver vn

heros en quelque condition qu'on fe
propofe de le chercher.

Plufieurs font dans la baffeffe ; mais
il eft dificile de trouver quelqu'vn en
cét état qui foit fans envie, & qui releve la baffeffe de fa naiffance par l'é-
clat de la vertu.

Les dignités & les grandeurs font le
partage de plufieurs perfonnes ; mais
ceus qui commandent aus autres obeif-
fént ordinairement à l'ambition.

Quand la fortune ne répond pas au
defir des hommes, & qu'ils font agi-
tés par la douleur que la pauvreté imprime dans leur ame, les plaintes qu'ils
font de leur mifere font des preuves
tres-évidentes qu'ils n'ont pas affés de
conftance pour la foufrir.

Enfin lors qu'ils font en état d'exciter
dans l'ame des autres, ou l'émulation,
ou l'envie, au lieu de fe fervir des avantages qu'ils ont de la nature, ou de la
fortune, pour éclairer les autres, ou
pour les fecourir, ils fe portent ordinairement à l'infolence & au mépris
qu'ils font des miferables.

L'envie, l'ambition, les plaintes,

l'infolence & le mépris que l'on fait des miferables ne font pas les degrés qui élevent les hommes à l'état heroïque ; Il eft donc dificile de trouver des heros.

Ceus qui ont quelque connoiffance de l'hiftoire, & qui n'ont pas celle de la Philofophie Morale difent que plufieurs heros ont fait éclater la grandeur de leurs actions dans la Republique Romaine ; mais ils metent les ambitieus au nombre des heros.

S'ils font la defcription d'vn triomphe pour établir leur opinion, j'en ferai vne pour découvrir la verité de mon fentiment.

Ils pourront dire qu'vn triomphe eft vne démarche grave & fuperbe de perfonnes libres, qui donnent des marques de la grandeur de leur courage, & d'efclaves miferables, qui donnent des preuves, ou de leur mal-heur, ou de leur lâcheté. Mais je dirai plus raifonnablement qu'eus, qu'vn triomphe eft vne démarche ridicule de plufieurs efclaves, dont les vns triomphent de la foibleffe des autres.

Ils diront sans doute qu'vn triomphe
est vn corps composé de vainqueurs &
de vaincus , & où les vainqueurs donnent la loi aus vaincus. Mais je dirai
plus veritablement qu'eus, qu'vn triomphe est vn corps composé de plusieurs
vaincus , dont les vns ont été vaincus
par la force des armes , & les autres
par la violence de l'ambition.

Enfin si nous voulons representer par
vne méme description ceus qui composent vn triomphe & ceus qui l'admi-
rent , nous devons dire qu'vn triomphe est vne foule de gens oisifs , qui
s'arretent à regarder vn ambitieus & les
choses dont il se sert pour faire éclater
sa vanité.

Si la felicité que nous pouvons aquerir par l'effort de nôtre nature étoit le
dernier terme de nos actions , les vertus morales pourroient être les derniers
principes de nôtre perfection. Mais
comme les moïens doivent être proportionés à la fin qu'ils regardent , & que
nous avons été créés pour joüir d'vne
felicité surnaturele , nous n'y pouvons
arriver sans le secours des Vertus Theo-

logales, Car comme la felicité furnaturele eft au deffus de nôtre entendement
& de nôtre volonté, il eft certain que
nôtre entendement doit étre éclairé d'v-
ne lumiere furnaturele, & que nôtre volonté doit étre élevée au deffus de fa
nature pour obtenir la felicité qui peut
borner entierement fes defirs.

Nôtre entendement, qui peut aquerir la perfection qui lui convient naturelement, par les principes qu'il peut
connoître par la lumiere qu'il a de la
nature, a befoin de quelques principes
furnaturels pour arriver à vne felicité
furnaturele, parce que les moïens doivent étre proportionés à la fin qu'ils regardent.

Les principes furnaturels, que nôtre
entendement connoît par la lumiere divine, lui donnent la connoiffance des
chofes que nous devons croire pour
meriter la vie éternele.

Ces principes apartienent à la Foi,
que Dieu imprime dans nôtre entendement, pour nous obliger à croire tout
ce qu'il a fait pour nôtre falut.

Le mouvement par qui nôtre volonté se porte à la felicité surnaturele dépend d'vn principe surnaturel, & ce principe reçoit le nom d'Esperance, qui nous fait tendre à Dieu, entant que nous en pouvous obtenir la possession par le moïen de sa grace, qui est la semence de la vie éternele.

Comme le mouvement qui nous porte à quelque chose supose l'inclination que nous avons pour elle, l'Esperance, qui nous fait tendre à Dieu, dépend de la Charité, qui nous vnit à ce dernier terme de nos desirs.

La Foi, l'Esperance & la Charité sont imprimées en méme tems dans nos ames ; mais nous pouvons considerer quelque ordre dans leurs actions, car selon l'ordre de la génération l'action de la Foi precede celle de l'Esperance, & l'action de l'Esperance precede celle de la Charité.

L'action de la Foi precede celle de 'Esperance. Car comme le mouvement de l'apétit sensüel supose la connoissance de l'imagination, le mouvement de la volonté supose la connoissance de l'entendement.

L'action de l'Efperance precede, felon l'ordre de la génération, l'action de la Charité, car l'Efperance que nous avons de recevoir du bien de quelqu'vn nous oblige à l'aymer, & l'amour que nous lui portons augmente l'Efperance que nous avons en lui.

La Charité, qui eft le lien des plus grandes perfections, precede felon l'ordre de la nobleffe la Foi & l'Efperance, c'eft pourquoi fi nous voulons difpofer les Vertus Theologales felon l'ordre de leur nobleffe, nous devons dire qu'elles nous atachent à Dieu, ou à caufe de lui-méme, fçavoir la Charité, qui eft réglée par la bonté divine, ou entant que nous en pouvons recevoir, ou la connoiffance de la verité, fçavoir la Foi, qui eft réglée par la verité divine, ou la joüiffance du fouverain bien, fçavoir l'Efperance, qui eft réglée par la grandeur de la puiffance divine.

Comme nous ne pouvons pratiquer qu'imparfaitement la Charité, nous avons befoin des dons du Saint Efprit pour faire nôtre falut.

Il y a fept dons du Saint Efprit, fçavoir l'Intelligence, la Sagesse, la Science, le Conseil, la Force, la Crainte d'ofenser Dieu & la Pieté.

Pour en découvrir l'ordre, il faut considerer qu'ils apartienent, ou à l'entendement, ou aus facultés qui desirent.

Les quatre premiers perfectionnent l'entendement, & les trois derniers apartienent aus facultés qui desirent.

Pour connoître l'ordre des quatre premiers, il faut sçavoir que les dons du Saint Esprit qui perfectionnent l'entendement regardent vne connoissance surnaturele.

Puis que les dons du Saint Esprit dérivent des Vertus Theologales, qui sont les premiers liens qui vnissent nôtre ame à Dieu, ceus qui perfectionnent l'entendement dépendent de la Foi, qui est le fondement des connoissances surnatureles qui nous sont nécessaires pour nous conduire à la vie éternele.

Pour connoître de quelle maniere les dons du Saint Esprit qui apartienent à l'entendement dérivent de la Foi, il faut sçavoir ce que regarde la Foi, & il faudra montrer en suite ce que nous de-

vons faire pour nous aquiter de nôtre
dévoir à l'égard des choses que nous
devons croire.

La Foi , qui a pour objet des choses
qui nous ont été revelées , regarde la
premiere verité , qui est la derniere fin
de nos actions, quelques choses créés
que nous devons croire par raport à
Dieu & la conduite de nos actions, entant qu'elle agit par la Charité, qui nous
fait raporter les actions des autres vertus à la gloire de Dieu.

Les dons du Saint Esprit qui nous font
aquiter de nôtre devoir à l'égard des
choses que nous devons croire nous
font nécessaires , ou pour penetrer dans
la connoissance des choses que nous devons croire, sçavoir l'intelligence, ou
pour juger qu'il est raisonnable de suivre les choses que nous devons croire,
ou à l'égard des choses divines , sçavoir
la sagesse, ou à l'égard des choses créés,
sçavoir la science, ou à l'égard de l'a-
plication de nôtre connoissance aus actions que nous devons pratiquer, sçavoir le conseil.

La suite des propositions precedantes

prouve clairement, que l'intelligence, la fageffe, la fcience & le confeil font les dons du Saint Efprit qui apartienent à l'entendement.

L'intelligence, qui combat la ftupidité qui vient de la gourmandife, c'eft à dire, la foibleffe d'efprit dans la confideration des biens fpirituels, & l'aveuglement qui vient de la luxure, nous eft néceffaire pour penetrer dans les chofes que nous ne pouvons connoître par la lumiere que nous avons de la nature.

Le don de fageffe, qui combat proprement la folie, nous faifant juger des chofes par les régles divines nous fait agir felon les mêmes régles.

Le don de fcience, qui combat l'ignorance, & qui nous donne le moïen de féparer les chofes que nous devons croire de celles qui ne doivent pas être l'objet de nôtre Foi, nous eft vtile pour la conduite de nos actions.

Le confeil du Saint Efprit, qui combat la precipitation, perfectionne nôtre prudence. Car comme nôtre raifon ne peut avoir la connoiffance de toutes

les

les chofes fingulieres qui peuvent arriver, nous avons befoin du confeil du
Saint Efprit pour la conduite de nos actions.

Aprés avoir difpofé par ordre les
dons du Saint Efprit qui perfectionnent l'entendement, il faut découvrir
l'ordre de ceus qui apartienent aus facultés qui defirent.

Ces dons perfectionnent l'homme,
où à l'égard de lui méme, ou a l'égard
des autres, fçavoir la Picté.

Les dons du Saint Efprit qui apartienent aus facultés qui defirent & qui
perfectionnent l'homme à l'égard de lui
méme combatent, ou la crainte fçavoir
le don de force, qui fait naître dans
nôtre ame la confiance d'arriver à nôtre derniere fin & d'éviter toutes fortes
de perils, ou la concupifcence, fçavoir la crainte d'ofenfer Dieu, qui eft vn
don du Saint Efprit, entant qu'elle affujetit l'homme volontairement à Dieu.

L'abregé que nous venons de faire de
la quatriéme pertie de la Philofophie
Morale fera tres-vtile aus femmes, pour
leur donner la counoiffance des pre-

mieres choses qu'elles doivent éviter
& des principales vertus qu'elles doivent metre en vsage pour meriter la
vie éternele. Mais s'il leur est vtile de
sçavoir que l'orgueil, l'avarice, la gour-
mandise, la luxure, la colere, la douleur du bien divin & l'envie sont les
premiers ennemis de leur bon-heur,
il leur seroit sans doute tres-avantageus d'avoir vne claire connoissance de
tous les déréglemens qu'ils peuvent exciter dans leur ame. S'il leur est vtile
de sçavoir que la Prudence, la Force,
la Temperance & la Iustice sont les
principales vertus qu'elles doivent pratiquer, elles pourroient reçevoir de
grans avantages des discours que nous
avons tirés du Docteur Angelique & que
nous avons fais dans la quatriéme partie de la Philosophie Morale, pour y
donner la connoissance de toutes les
vertus qui dépendent des quatre Vertus Cardinales & de tous les vices qu'elles doivent combatre.

Si les preceptes de la morale peuvent
éclairer les femmes dans les choses
qu'elles doivent faire pour la conduite

de leur vie , elles peuvent s'apliquer
vtilement à l'étude des autres parties
de la Philosophie.

* * *

*De quelle maniere les femmes doivent
s'apliquer à l'étude de la Logique
& des autres parties de la
Philosophie.*

CHAPITRE DERNIER.

L A Philosophie doit étre divisée en cinq parties , qui sont
la Logique , la Science générale , la Physique , la Morale ,
& la Theologie naturele.

Nous en devons découvrir l'ordre,
pour connoître les avantages que nous
en pouvons atendre , & pour montrer
que les femmes peuvent s'apliquer vtilement à leur étude.

Comme nôtre raison se trompe sou-

vent, nous pouvons tirer de grans avantages de la Logique, qui s'opose à la
naiſſance de l'erreur qui acompagne ordinairement les actions de nôtre raiſon.

S'il eſt vtile d'éviter l'erreur, il n'eſt
pas moins néceſſaire d'aquerir la connoiſſance de pluſieurs verités, par le
moïen des principes généraus qui ſont
établis dans la ſeconde partie de la Philoſophie, qui peut recevoir le nom de
Science générale.

Nous ne devons pas nous contenter
d'éviter l'erreur, par le moïen de la Logique, ni de chercher pluſieurs verités,
par le moïen des principes de la Science générale ; nous devons encore tâcher d'aquerir la derniere perfection de
nôtre raiſon, qui conſiſte dans ſa plus
noble connoiſſance.

Comme la connoiſſance tire ſa no-
bleſſe de l'objet qu'elle regarde, il eſt
tres-évident que la derniere perfection
de nôtre raiſon conſiſte dans la contemplation de Dieu.

La Theologie naturele nous conduit
à cette perfection. Mais comme elle
eſt tres-relevée, nous n'y pouvons ar-

river que par quelques degrés, qui font la Physique & la Philosophie Morale, car les degrés qui nous élevent à la contemplation de Dieu font des remedes qui s'opofent aus chofes qui nous empéchent d'exercer cette action.

Deus chofes nous empéchent de contempler Dieu ; l'vne que nous n'avons pas, & l'autre qui fe forme facilement dans la partie inferieure de nôtre ame.

Nous n'avons pas affés de lumiere pour connoître Dieu, & l'excés de nos paffions nous atache à la terre.

Comme nous ne pouvons connoître Dieu par lui méme, nous devons tâcher d'en avoir quelque connoiffance, par le moïen de fes effés, que nous pouvons connoître Par la Physique.

Puis que les paffions nous détournent de la contemplation de Dieu, nous devons tendre à la pourfuite des vertus, qui s'opofent à leur violence, c'eft pourquoi nous pouvons tirer de grans avantages de la Philofophie Morale, qui nous donne des preceptes pour les aquerir.

Aprés que nôtre entendement & nôtre volonté auront reçû les difpofitions qui font néceffaires pour connoître Dieu, nous recevrons beaucoup d'vtilité de la Theologie naturele, qui nous atachera à la contemplation de cette premiere caufe.

Nous devons connoître la maniere d'agir de nôtre raifon, pour fçauoir de quelle façon la Logique s'opofe à la naiffance de l'erreur qui acompagne fes actions.

Nôtre raifon arrive par degrés à quelque connoiffance, c'eft pourquoi le devoir de la Logique eft de nous aprendre par quels degrés nôtre efprit arrive à vne parfaite connoiffance, de quelle façon il s'y trompe & quels font les remedes qu'il doit metre en vfage pour éviter l'erreur.

Nôtre efprit arrive à vne parfaite connoiffance de quelque chofe par trois degrés, que les Philofophes apelent les trois premieres actions de l'entendement.

Premierement, il conçoit fimplement quelque chofe fans en faire aucun jugement, comme lors qu'il conçoit l'animal, la vertu, &c.

En second lieu, il en donne son jugement, comme lors qu'il assûre que
l'homme est vn animal, ou que la vertu est loüable.

En troisiéme lieu, il tire quelque con-
sequence du jugement qu'il a donné en
cette maniere, l'homme est vn animal ;
donc il a du sentimént. La vertu est
loüable ; donc elle doit être recher-
chée.

Nos conceptions sont sujetes à l'erreur, les jugemens que nous faisons
sont ordinairement faus & il arrive souvent que les consequences que nous ti-
rons de quelques propositions n'en sont
pas bien tirées, c'est pourqnoi nous
avons besoin d'vne science pour nous
aprendre à bien concevoir, à bien juger & à bien tirer toutes sortes de conclusions.

Cette Science qui reçoit le nom de
Logique, ne se contente pas de régler
les trois premieres actions de nôtre entendement ; elle nous donne encore des
preceptes pour inventer & pour bien
disposer plusieurs connoissances, c'est
pourquoi elle doit être divisée en quatre parties.

Les trois premieres doivent conduire les trois premieres actions de nôtre raison & la quatriéme doit établir la methode qu'il faut fuivre dans toutes les Sciences & dans tous les difcours.

L'ordre des propofitions precedantes, qui nous découvre celui que nous devons fuivre dans l'explication de la Logique, nous découvre auffi les avantages que les femmes en peuvent recevoir.

Comme elles doivent avoir vne connoiffance tres-certaine & tres-evidente de la Philofophie Morale, celle de la Logique leur eft tres-vtile, car celui-là feulement qui eft immobile dans fa connoiffance connoît quelque chofe avec certitude, & cét avantage n'arrive qu'à celui qui fçait par le moïen de la Logique découvrir les artifices des Sophiftes, qui fe fervent de raifons qui ont quelque aparance de verité pour faire naître l'erreur dans l'efprit.

On ne peut avoir vne connoiffance évidente de la Philofophie Morale fans la Logique, car pour connoître évidemment vne chofe, il faut fçavoir qu'on

la

la connoît parfaitement , & cét avantage n'apartient qu'à celui qui sçait par
le moïen de la Logique qu'vne conclu-
sion est bien tirée des propositions qui
la produisent.

Il semble que la Logique soit absolument inutile aus femmes, car il ne leur
est pas nécessaire de sçavoir si Dieu peut
faire des étres de raison ou des chime-
res , ni d'examiner si la Logique du premier homme étoit de méme espece que
celle que nous avons inventée par nôtre raisonnement. Il est certain que leur
raison ne peut tirer aucune perfection
des lons discours que l'on fait dans la
Logique, pour sçavoir si l'vniversel est
vn ouvrage de la nature, ou vne pro-
duction de la raison, pour connoître si
vn pere aquiert plusieurs relations , lors
qu'il engendre plusieurs enfans & pour
terminer plusieurs autres questions de
cette nature que les Philosophes propo-
sent ordinairement sans aucun ordre.

Il est vrai que si nous faisons reflexion sur les recherches precedantes &
sur plusieurs autres questions ridicules
que la coûtume a introduites dans la
P

Logique, nous ne dirons pas ſeulement qu'elle eſt inutile aus femmes ; nous jugerons encore qu'elle pourroit nuire à leur eſprit, car elle diſpoſe ceus qui s'y atachent à combatre toutes ſortes de verités, ſans vouloir écouter ceus qui les défendent, & à douter des choſes plûtôt qu'à les connoître.

Il ne faut pas juger de la Logique par les queſtions que les Philoſophes y font ordinairement ; mais il en faut juger par les preceptes qu'elle doit établir, c'eſt pourquoi ſi nous conſiderons qu'elle doit nous donner le moïen de bien concevoir, de bien juger & d'éviter infailliblement l'erreur dans nos raiſonnemens, nous connoîtrons clairement que les femmes peuvent tirer de grans avantages de cette premiere partie de la Philoſophie, qui eſt la plus belle de toutes les Sciences, parce qu'elle eſt à l'égard des autres Sciences ce que la lumiere eſt à l'égard des couleurs. Car, comme les couleurs ne ſont viſibles que par le moïen de la lumiere, & que la lumiere eſt viſible par elle-méme, toutes les Sciences tirent leur beauté de

la Logique, mais la Logique n'emprun-
te fa beauté d'aucune autre Science.

La beauté qui acompagne les difcours
que nous faifons de la Phyfique ou de la
Philofophie Morale vient principalement de l'ordre que nous gardons dans
les divifions & dans les raifonnemens
que nous y faifons, & comme cét ordre
eft vn effet des preceptes de la Logique,
il eft certain que les autres Sciences lui
doivent leur beauté ; mais elle n'em-
prunte fa beauté d'aucune autre Science,
puis qu'elle eft la premiere partie de la
Philofophie.

Comme les femmes doivent avoir vne
parfaite connoiffance de la Morale,
celle de la Science générale, qui eft
la feconde partie de la Philofophie,
leur eft tres-vtile, car on ne peut difcourir clairement de la felicité dans la
premiere partie de la Philofophie Morale que par le moïen des principes généraus qui apartienent à la caufe fina-
le, qui font établis dans la Science générale, comme fi nous fçavons que la
fin peut étre prife principalement, ou
pour vne chofe pour qui vne autre cho-

fe peut étre defirée, ou pour l'action de quelque faculté, nous connoîtrons clairement que nôtre fin, qui reçoit le nom de felicité, peut étre prife, ou pour l'objet qui peut nous rendre heureus, ou pour l'action par qui nous pouvons étre vnis au fouverain bien. Si nous fçavons que la fin de châque chofe confifte dans fa propre action, nous connoîtrons clairement que la felicité, qui eft la fin de l'homme, confifte dans l'action qui lui convient entant qu'il eft homme.

Si la Morale eft abfolument néceffaire aus femmes, pour leur aprendre ce qu'elles doivent faire, & où elles doivent arriver, la Phyfique, qui eft la troifiéme partie de la Philofophie, leur eft vtile, pour leur faire connoître ce qu'elles font & d'où elles tirent leur origine, car fi elles connoiffoient clairement que leur ame eft fpirituele & immortele, elles jugeroient que leurs actions doivent étre conformes à la nobleffe de leur principe, & fi elles étoient bien perfuadées que leur ame étant fpirituele vient immediatement de Dieu, elles connoîtroient clairement que leur bon-heur consiste dans la contemplation de l'essence divine.

Elles ne doivent pas s'apliquer à l'étude de la Physique pour chercher vn nouveau monde dans la Lune, ni pour examiner si les Cometes font des sueurs de toute la Sphere élementaire ou pour combatre cette ridicule opinion, ni pour faire plusieurs experiences pour peser l'air, pour défendre le vuide, ou pour le combatre, car ces recherches & plusieurs autres de méme nature sont indignes de l'ocupation d'vn veritable Philosophe ; mais elles doivent tirer de la Physique la connoissance de leur ame, pour s'élever à celle de Dieu.

Elles doivent metre des bornes à la curiosité qu'elles pourroient avoir d'examiner les causes de toutes les merveilles de la nature, car Dieu nous enseigne au troisiéme chapitre de l'Ecclesiastique qu'il y a plusieurs de ses ouvrages qui surpassent nôtre connoissance.

Si toutes choses étoient sensibles, & si nous pouvions connoître tout ce qui

eſt dans le monde, nous pourrions douter de l'exiſtence de Dieu, qui eſt in-
ſenſible, & dont nous ne pouvons avoir
vne parfaite connoiſſance, c'eſt pourquoi il a voulu que la plûpart des choſes ſuſſent inconnuës à l'eſprit des hommes, pour les empécher de revoquer en
doute ſon exiſtence.

Les femmes qui voudront s'apliquer
à l'étude de la Phyſique, doivent ſçavoir que celui qui cherche la connoiſſance de toutes les choſes natureles ſe
met en peril de travailler inutilement,
de tomber en pluſieurs erreurs & de s'é-
lever contre Dieu par ſa vanité.

Comme vn Medecin qui entrepren-
droit de combatre vne maladie incurable, & vn Orateur qui voudroit exciter
la compaſſion dans l'ame de ceus qui
ſont miſerables, travailleroient inutilement, il faut faire le méme jugement
d'vn Phyſicien qui voudroit chercher
les cauſes de toutes les merveilles de
la nature.

Ce Phyſicien, qui ne ſçauroit pas que
ſa connoiſſance eſt bornée, ſe metroit
en peril de tomber en pluſieurs erreurs,

car voulant penetrer dans les choses qui sont inconnuës aus hommes, il prendroit facilement de foibles raisons qu'il auroit inventées pour de veritables démonstrations, & il s'atacheroit alors fortement à ses sentimens. Car comme l'homme s'ayme naturelement soi méme, il ayme les choses qui vienent de lui, & puis que sa raison est la plus noble de ses facultés, il en ayme particulieremenr les productions, d'où vient qu'il s'atache fortement aus choses fausses qu'il invente, parce qu'elles lui apartienent entierement.

Ce Physicien s'éleveroit enfin contre Dieu par sa vanité, entant qu'il chercheroit la connoissance des choses que Dieu lui défend d'examiner, & qu'il s'atribueroit des avantages qui n'apartienent qu'à Dieu.

Si nous considerons que la Theologie naturele, qui est la derniere partie de la Philosophie, nous donne quelque connoissance de la Sagesse, de la Bonté, de la Puissance, de la Providence de Dieu & de ses autres atribus, nous connoîtrons qu'elle est tres-vtile aus

P iiij

femmes, car elles doivent auſſi bien que les hommes connoître Dieu pour l'honorer.

Elles pourront avoir vne plus claire connoiſſance des avantages qu'elles peuvent tirer de toutes les parties de la Philoſophie par la lecture du petit traité que nous avons fait, pour découvrir l'ordre des principales choſes dont il eſt parlé dans la Philoſophie qui eſt diviſée en cinq parties, & contenuë en dix petis volumes.

FIN.

EXTRAIT

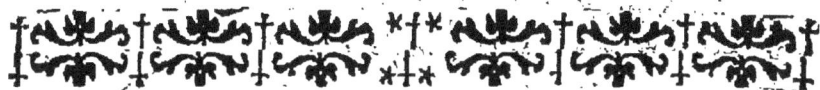

Ledit Sieur DE LESCLACHE a permis à LAVRENT RONDET, Marchand Imprimeur Libraire à Paris de vendre & debiter ledit Cours de Philosophie mentionné au present Privilége, suivant l'acord fait entr'eus.

Achevé d'imprimer, le 19. Octobre 1667.

Regiſtré ſur le livre de la Communauté des Imprimeurs & Libraires de cette Ville, ſuivant l'Arreſt de la Cour de Parlement du 8. Avril 1653. Fait le 19. Octobre 1667.

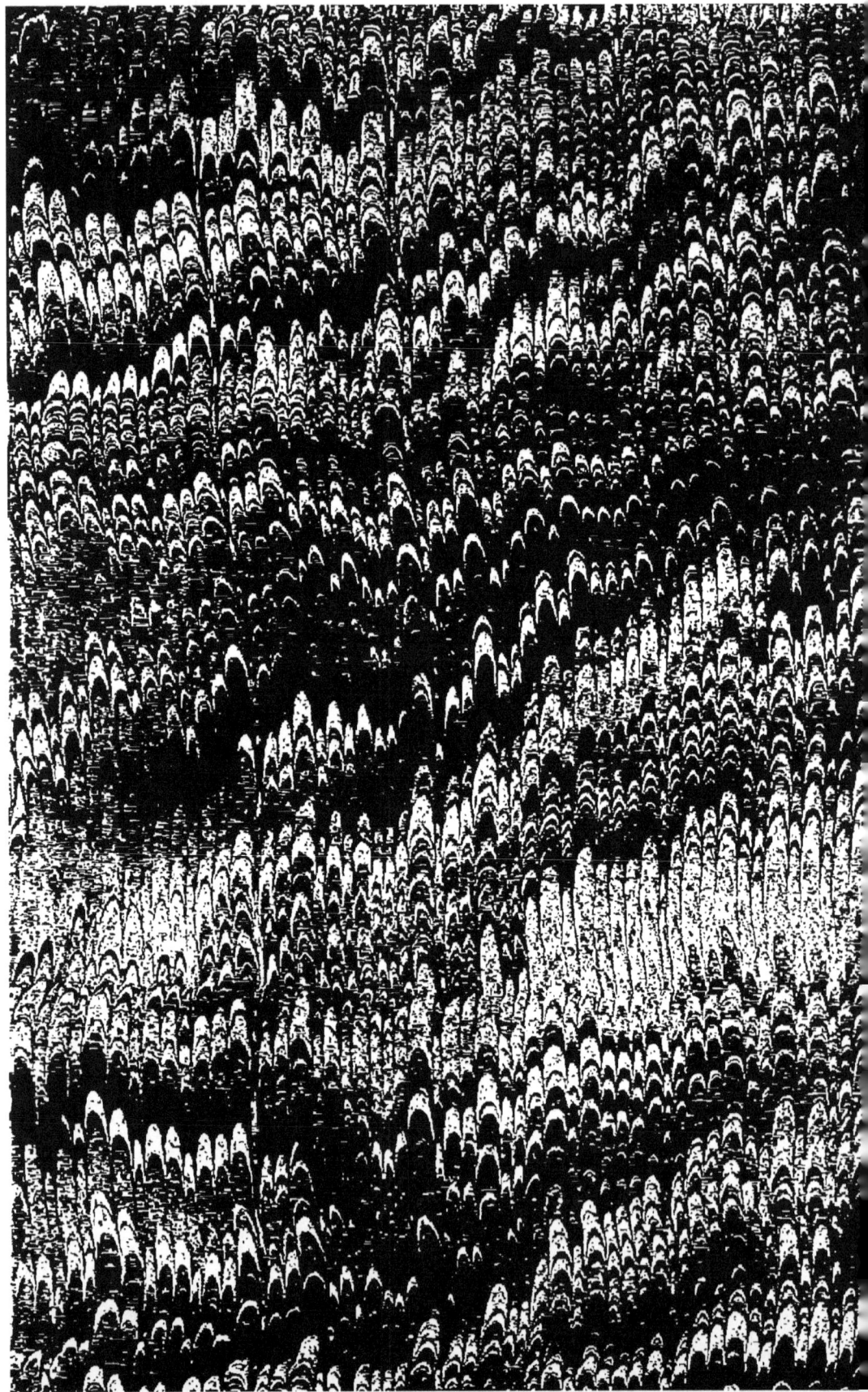

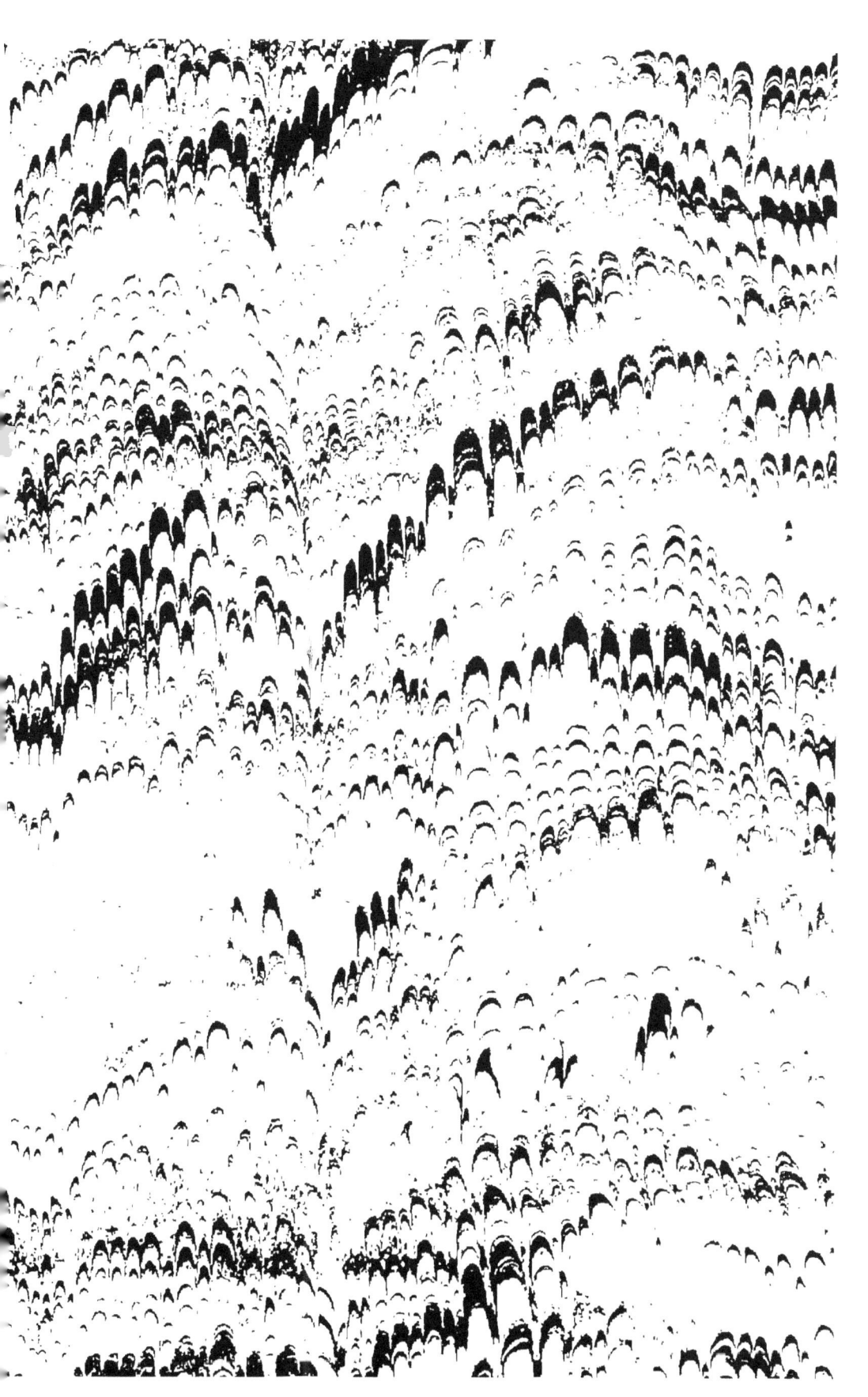